목사님, 하나님의 뜻을
알고 싶어요

목사님, 하나님의 뜻을 알고 싶어요

저자 이사무엘

초판 1쇄 발행 2019. 12. 4.

발행처 도서출판 브니엘
발행인 권혁선

등록번호 서울 제2006-50호
등록일자 2006. 9. 11.

서울특별시 송파구 백제고분로28길 25 B101호 (05590)
마케팅부 02)421-3436
편집부 02)421-3487
팩시밀리 02)421-3438

ISBN 979-11-90308-06-9 03230

독자의견 02)421-3487
이메일 editorkhs@empal.com

북카페 주소 cafe.naver.com/penielpub.cafe
인스타그램 @peniel_books

도서출판 브니엘은 독자들의 책에 관한 아이디어나 원고를 설레는 마음으로 기다리고
있습니다. 책으로 엮기를 원하는 아이디어가 있으신 분은 위의 이메일로 간단한 개요와
취지, 연락처 등을 보내주십시오. 머뭇거리지 말고 문을 두드리세요. 길이 열립니다.

도서출판 브니엘은 갓구운 빵처럼 항상 신선한 책만을 고집합니다.

하나님의 뜻을 찾기 위한 믿음의 여정

목사님, 하나님의 뜻을 알고 싶어요

이사무엘 지음 | 송태근 · 이찬수 목사 추천

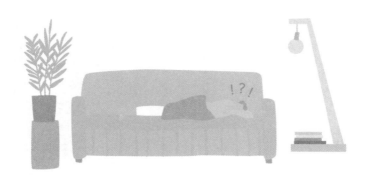

브니엘

이 책은 눈코 뜰 새 없이 바쁘게 달려가지만 정작 어디로 가야할
지 몰라 머뭇거리는 이 땅의 성도들을 위해 쓰인 친절한 가이드북이
다. 오랫동안 목회현장에서 다양한 질문을 가슴으로 안고 살아온 저
자의 고뇌가 고스란히 담긴 책이기도 하다. 선택의 갈림길 앞에서 하
나님의 뜻을 구하는 모든 성도에게 큰 도움이 될 것이라 확신한다.

송태근 _ 삼일교회 담임목사

낯선 곳을 여행한다는 것은 결코 쉬운 일이 아니다. 잘 모르는
길을 무턱대고 가다보면 이리저리 헤매다가 어려움에 빠질 수 있다.
하지만 길을 잘 아는 안내자나 지도가 있으면 훨씬 수월하게 갈 수
있다. 이 책은 하나님의 뜻을 찾기 위해 믿음의 여정을 걸어가는 이
들을 위한 좋은 안내자와 지도가 될 것이다.

이찬수 _ 분당우리교회 담임목사

이 책은 최근 세계복음주의권에서 새롭게 등장한 영성 형성 분야의 열매들을 한국 기독교적 상황에 적용하는 거룩한 시도이다. 다루는 주제가 매우 적절하며, 문체 또한 아름답고 유려하다. 성도들을 향한 저자의 따뜻한 사랑과 관심이 아름답게 녹아져 있어서 영적으로 큰 유익을 줄 것이라 믿는다. 모든 그리스도인의 일독을 권한다.

정성욱 _ 덴버신학교 조직신학 교수

예전부터 수련회 때 자주 듣던 특강제목이었던 '하나님의 뜻 찾기'는 요즘도 취업문제로 고민하는 청년이나 제3의 인생을 설계하는 은퇴자에게도 계속되는 고민거리다. 하나님의 뜻 찾기를 다루는 이사무엘 목사의 이 책은 페이스북, 카카오톡, 이메일이라는 현대인의 도구를 활용하고, 카페나 교회에서 만나 직접 대화하는 현장의 목소리로 분별력을 설명하는 점이 특히 이채롭다. 성경과 역사 속 인물들의 교훈을 삶의 정황 속에서 풀어내니 친근하다. 분별력을 키우기 위한 훈련의 도구로 말씀, 기도, 금식 외에 균형, 침묵, 고독, 속도 늦추기 등과 같은 수동적인 영성의 도구도 제안하니 신선하다. 인생의 진로, 나아가 소명을 추구하는 성도들에게 일독을 권한다.

원용일 _ 목사, 직장사역연구소 소장

이사무엘 목사는 바쁜 현대를 살아가는 이 땅의 성도들에게 최적화된 사역자이다. 성도의 영적 현실(context)을 꿰뚫어보는 통찰

력과 하나님의 말씀(text)을 일상의 언어로 담아내는 능력이 탁월하다. 이 책은 바로 그런 저자의 진가를 유감없이 증명해주는 책이라는 확신이 든다. 최강 큐티실력자의 영성컨설팅을 받기 원한다면 이 책을 강력히 추천한다.

이관형 _ 분당아름다운교회 담임목사

하나님을 사랑하는 그리스도인이라면 누구나 하나님의 뜻대로 살고 싶다는 생각을 하지요. 한편으로는 '하나님께서 이렇게 저렇게 하라고 매 순간 구체적으로 말씀해주신다면 얼마나 좋을까? 그럼 무조건 순종할 텐데' 라는 생각도 하게 됩니다. 그런데 이 책을 읽으면서 그 정답을 이미 주셨다는 사실을 깨닫게 되었네요. 그것도 아주 쉽게요. 이 세상의 수많은 고민녀와 문제남에게 이 책을 추천합니다. 짱짱~!!

정애리 _ 탤런트, 권사

글을 거의 마무리했다. 이제 출판사로 원고를 보내기만 하면 된다. 그런데 하루 전날 아래의 메시지가 카카오톡으로 왔다.

"목사님, 안녕하세요. ○○○입니다. 오늘 예배 너무나 은혜로웠습니다. 저 궁금한 게 있는데요. 제가 지난번 상담드린 대로 유학을 가야겠다고 회사에 얘기를 해놓은 상태입니다. 갑자기 유학을 가야 할지, 회사를 계속 다녀야 할지 너무 고민되는 중에 반복된 성경 말씀을 접하게 되었습니다. 특별새벽기도회도 3주간 다 참석했는데 명확한 응답도 받지 못했고, 몸도 아픈 만큼 마음의 고민이 됩니다. 바쁘신 줄 알지만 이렇게 여쭤봅니다. 회사에서는 제가 계속 있어 주기를 원하고, 그것도 안 되면 10월까지만이라도 기다려달라고 하는데…. 저는 늦추는 건 절대 못하겠어요. 떠나든, 계속 다니든 한 가지를 택하고 싶습니다.

그런데 막상 떠나려고 하니 많이 두렵습니다. 회사에서는 월급을 올려주겠다 하고 더 좋은 조건을 계속 제시하니 마음이 자주 흔들립니다. 말씀을 통해서는 현실에 안주하지 말고 떠나라고, 두려워하지 말라는 메시지를 주시는데, 제 마음은 계속 두려움과 걱정이 앞섭니다. 유학 가기를 그렇게 바라왔는데 왜 그런지 모르겠습니다. 그런데 하루 간격으로 같은 말씀을 듣게 되니 하나님이 제게 분명한 메시지를 주고 계신 것 같아요. 내일 사장님께 말씀을 드려야 하는데 염치 불구하고 기도 부탁드립니다."

　이 메시지를 보낸 성도는 회사에서 인정받는 전문직 종사자이다. 유학에 대한 막연한 꿈이 있었지만 현실이라는 땅 속에 그 꿈을 묻어두고 오랫동안 살아왔던 청년이다. 그런데 이 청년이 큐티를 하면서 영적인 감각이 살아나기 시작하더니 예전에 품었던 그 꿈을 다시 꾸게 된 것이다. 유학을 떠나기엔 경제적으로 그리 넉넉하지 않았고, 부모님의 만류도 있었다. 더구나 어린 나이도 아니었다. 요즘처럼 취업이 어려운 세상에서 어느 정도 안정적인 직장을 박차고 나와 모험을 감행한다는 것도 쉬운 일이 아니었다. 하지만 떨리는 목소리로 나에게 물었다. "목사님, 하나님의 뜻은 어디에 있을까요?"
　처음 나에게 진로에 대한 고민을 상담했을 때 이 청년은 큐티를 통해 하나님의 말씀에 민감하게 반응하던 시기였다. 공동체를 통해, 예배를 통해 영적으로 성장하고 있던 단계였다. 하나님의 뜻이 무엇인지 겸손하게 기도하고자 하는 마음이 간절한 상태였다. 정말 진지하게 하나님의 뜻을 구하며 찾고 있었다. 마음 같아선 구체적인 해답을 제시해주고 싶었다. "A가 아니라 B를 택하라", 혹은 "B는 절대 아니니 A를 택해야 한다"라고. 하지만 그가 궁금해 하는 하나님의 뜻이 무엇인지 나는 모른다. 아무리 신통한(?) 목사라도 알 수 없는 노릇이다. 각자를 향한 하나님의 뜻은 하나님만이 아신다. 당사자가 하나님의 뜻을 물으며 씨름하고 결단해야 할 일이다. 다만 나는 그가 세상의 기준이 아니라 하나님의 기준으로 선택할 수 있도록 분별력에 대한 몇 가지 조언을 해주었다. 그리고 올바른 선택과 결단을 할 수 있기를 기도할 뿐이었다.

메시지를 받고 그 청년에게 다음과 같은 답장을 보냈다.

"아, 그렇군요. 하나님의 뜻이라 생각해도 실제로 한 걸음 내딛는 것은 또 다른 문제입니다. 지금 느끼는 두려움이라는 감정은 하나님이 주시는 마음이 아닌 것 같군요. 두려움이라는 것은 실체가 없는 감정이지요. 한편으로 하나님의 뜻인 줄 알고 나아간다 해도 어려운 현실을 맞을 수 있습니다. 하나님의 뜻이라는 것이 반드시 편안한 삶을 보장하는 건 아니니까요. 미리 기도하면서 마음의 준비를 하시기 바랍니다. 저도 기도로 돕겠습니다."

성도들을 섬기면서 가장 많이 들었던 질문은 "나를 향한 하나님의 뜻을 어떻게 하면 분별할 수 있을까요?"였다. 이것이 이 책을 쓰게 된 이유이다. 그리고 책을 마무리하기 직전까지도 이런 내용의 상담을 하게 될 줄은 몰랐다. 나는 그 성도에게 이 책의 내용 중 몇 부분을 복사해서 아래의 메시지와 함께 보내주었다.

"제가 '하나님의 뜻을 아는 방법'에 관해 써 두었던 글이 있어요. 몇 개를 모아서 보냅니다. 도움이 될지 모르겠네요. 기도할게요. 어떤 결과이든 주님이 선하게 인도하실 거예요. 로마서 8장 28절과 빌립보서 4장 6~7절을 읽어보세요. 도움이 될 겁니다."

이 책이 앞의 고민 많은 청년뿐만 아니라 복잡다단한 세상 속에서 하나님의 뜻을 구하며 살아가는 모든 성도에게 작은 도움이라도 되기를 간절히 기도해본다.

아, 방금 그 청년에게서 답장이 왔다.

"와우! 금세 후다닥 다 읽었어요. 저랑 딱 맞는 상황이네요. 맞습니다. 유학을 가야할지 말아야 할지가 1순위가 아니었군요. 지금 나에게 허락하신 삶을 즐기고 하나님께 더 귀 기울여 봐야겠습니다. 기도와 말씀보다 친구와 지인들의 조언에 더 귀 기울였던 저를 반성합니다. 며칠 동안 너무 힘들어서 제정신이 아니었는데 오늘은 하나님 안에서 좀 행복해지고 싶습니다. 눈물 나게 감사합니다, 목사님!"

글쓴이 이사무엘

하나님의 뜻을 알고 싶어하는 그리스도인이 많아서였을까? 부족한 책이 좋은 반응을 얻은 것 같다. 재고가 없으니 책을 새롭게 인쇄해야겠다고 출판사로부터 연락을 받았다. 마침 그때가 부교역자로서 청년사역을 마무리하고, 새로운 목양지에서 담임목사로 사역하게 된 시점과 겹쳤다.

얼마 후, 출판사에서 다시 연락을 주셨다. 전면 확장판을 제안받았다. 담임목사의 입장에서 책을 다시 써보라고 했다. 곰곰이 기도하며 생각해보았다. 내가 이제껏 섬겼던 청년뿐만 아니라 앞으로 내가 섬길 장년 성도들에게 유익이 되었으면 싶었다.

분주한 시간을 쪼개 틈틈이 글을 써내려갔다. 책의 전체적인 구조는 바꾸지 않고, 대화식 문장으로 가급적 쉽게 접근하려 했다. 이전 책은 청년이 대화의 주체로 등장했지만 이번 확장판은 집사님, 권사님, 장로님도 자주 나온다. 내가 매일 만나고 심방하고 상담하는 분들이 등장인물이라 좀 더 실제적이다.

설명이 더 필요했던 부분에는 내용을 보충했다. 그래도 여전히 부족한 책이다. 그래서 아쉽다. 하지만 어쩌겠나. 이것이 나의 한계인데. 그러나 저자의 역량 부족에도 불구하고 하나님께서 은혜를 주시면 된다는 생각이다. 하나님의 뜻을 구하기 위해 애쓰는 독자 중 단 한 명이라도 영적인 도움을 얻을 수 있기를, 소박하지만 간절히 기도해본다.

글쓴이 이사무엘 목사

하나님의 뜻을
분별하는 방법

이성과 성경 가운데
순종함으로

청년부에서 리더로 섬기고 있는 김고민은 요즘 큰 고민 하나를 안고 있다. 지금 다니고 있는 직장을 그만두고 외국에 있는 대학원으로 유학을 갈까 생각 중이다. 어렵게 취업을 했는데 사표를 쓴다는 것이 너무 무모한 일은 아닐까 싶기도 하다. 한편으로는 오랫동안 품은 학업의 열정을 지금 아니면 꽃 피울 수 없다는 생각도 크다. 과연 하나님의 뜻은 어디에 있을까? 나름 작정 기도를 했지만 하나님은 귓전에다 "이렇게 해라, 저렇게 해라" 하고 말씀하지 않으신다. 답답한 노릇이다. 고민만 하던 김고민은 페이스북 메시지로 L목사에게 진로상담을 요청했다.

김고민 _ 목사님, 잠시 시간되세요?

L목사 _ 네네, 고민 형제님. 반가워요.

김고민 _ 목사님, 제가 요즘 고민이 많습니다.

L목사 _ 무슨 고민인가요?

김고민 _ 진로에 대한 고민이에요. "나를 향한 하나님의 뜻은 무엇일까?" 하는 질문이 계속 머리에서 떠나지 않아요.

L목사 _ 아, 그렇군요. 사실, 그 질문은 불확실한 시대를 살아가는 이 땅의 그리스도인들이 가장 많이 하는 질문이지요.

김고민 _ 하긴, 제 주변에도 저처럼 고민하는 사람이 참 많은 것 같아요. "내가 걸어가고 있는 이 길이 정말 하나님이 원하시는 그 길인가?" 하는 물음에 대한 답이 확실하지 않으니 무언가 불안한 느낌을 지울 수 없네요.

L목사 _ 충분히 이해합니다. 하나님의 뜻에 대한 분명한 확신이 있을 때 삶에 놀라운 추진력을 얻을 수 있거든요. 하지만 확신이 없

을 때는 누구나 할 것 없이 두려움에 떨게 되지요. 그래서 하나님의 뜻을 잘 분별하는 것이 중요합니다.

김고민 _ 분명히 하나님은 저를 향한 계획을 가지고 계시겠지요?

L목사 _ 그럼요. 그분은 우리를 향한 놀라운 계획을 가지고 계시지요. 그리고 그 계획과 뜻하심을 우리에게 나타내 보이겠다고 약속하셨어요. 시편 32편 8절에서 하나님은 "내가 네 갈 길을 가르쳐 보이고 너를 주목하여 훈계하리로다"라고 말씀하셨지요.

김고민 _ 휴~ 다행이네요. 그럼, 저를 향한 하나님의 계획과 뜻을 어떻게 하면 잘 알 수 있을까요? 특별한 방법이 있다면 가르쳐주세요.

L목사 _ 음…. 특별한 방법이라기보다는 몇 가지 분별의 원칙이 있기는 하지요. 먼저 기억해야 할 것은 "이성을 잘 사용하라"는 것입니다.

김고민 _ 이성이라고요? 이성교제?

L목사 _ 악! 그 이성 말고요.

김고민 _ 농담인데, 다큐로 받으시면 안 되지요.

L목사 _ 하하….

김고민 _ 으음. "이성을 사용하라"에서 다시 시작해요, 목사님~

L목사 _ 네, 이성을 사용하는 것은 일상의 보편적인 삶의 영역에서 성도들이 무언가를 선택하고 결정할 때 필요한 기본 원칙이에요. 하나님은 우리에게 이성이라는 선물을 주셨어요. 하나님은 우리가 중국음식점에서 자장면을 먹든 짬뽕을 먹든 고민하다가 볶음밥을 먹든 크게 상관하지 않으세요. 따라서 교회에 갈 때 노란색 셔츠를 입어야 할지 파란색 셔츠를 입어야 할지 고민하면서 기도할 필요가 없어요. 하나님은 많은 생활영역에서 우리 스스로가 자신의 성화된 취향에 따라 자유를 누리며 살기를 원하시지요. 물론 이러한 자유 속에서도 하나님의 특별한 인도를 필요로 하는 인생의 중요한 영역이 분명히 있기에 '하나님의 뜻을 분별하는 것'은 사실 쉬운 주제가 아니긴 해요. 자장면, 짬뽕 수준이 아니라 인생의 중차대한 선택의 기로에서 분명히 결단할 경우가 있거든요. 예컨대 학교와 전공을 결정해야 하는 순간이나, 나에게 청혼한 이 사람과 결혼을 해야 할지 말아야 할지 선택해야 하는 순간 등이 그렇지요.

김고민 _ 맞아요. 사실 그런 경우가 고민되지요.

L목사 _ 네, 그 부분은 차차 말씀을 드리도록 할게요. 제가 하나님의 뜻을 분별하는 첫 번째 원리로 '이성'을 강조하는 이유는 상식선에서 이성을 잘 사용하지 않는 크리스천이 의외로 많기 때문이에요. 기독교는 비이성적인 종교가 아니라 초이성적인 종교입니다. 신비의 영역이 있지만 그렇다고 이성을 완전히 무시해서는 안 되거든요. 건강한 기독교인은 이성을 잘 활용하는 사람인데, 이 사실을 오해하는 분이 의외로 많은 것 같아요.

김고민 _ 음…. 그러고 보니 하나님의 뜻이라면 무언가 신비스럽고도 드라마틱한 방식으로 주어지는 게 아닐까 하는 생각을 할 때가 있어요.

L목사 _ A. W. 토저 박사는 "우리는 하나님이 이미 금지하신 것에 관해서는 절대 인도를 구하려 하지 말아야 한다. 또 그분께서 이미 허락하셨고 우리에게 명령으로 주신 영역에 있어서도 역시 인도를 구하려 해서는 절대 안 된다. 하지만 하나님은 그 이외 대부분의 다른 일에 있어서는 어느 쪽이나 좋아하신다"라고 말했어요. 하나님은 일상생활의 많은 영역에서 우리 스스로가 자신의 성화된 취향에 따라 자유를 누리며 살기를 원하신답니다.

김고민 _ 쉽게 말해서 기도할 필요 없이 상식선에서 순종해야 하는 영역이 있다는 말인가요?

L목사 _ 그런 셈이지요. 물론 이 말이 기도무용론을 말하는 것은 아닙니다. 고민할 필요가 없는 부분까지 고민해서는 안 된다는 뜻이에요.

김고민 _ 음…. 무언가 알쏭달쏭하네요.

L목사 _ 자, 예를 들어볼까요? 하나님의 인도를 구하면서 누군가가 결혼했어요. 그럼, 가정을 부양해야 하겠죠? 그런데 결혼생활이 좀 어려워졌어요. 그때 너무 쉽게 "이런, 하나님의 뜻이 아니었군!" 이라고 하면서 이혼해서는 안 된다는 말이에요. 만약 내가 누군가에게 10만 원을 빌렸어요. 그럼 갚아야 하겠지요? "이것을 갚아야 하나, 안 갚아도 되나? 기도해 봐야겠다"라고 말할 필요가 없다는 말이에요.

김고민 _ 잉? 그건 너무 당연한 말씀 아닌가요?

L목사 _ 하하하. 물론 제가 좀 극단적인 예를 들긴 했지만 우리 주변에서 일어나는 일 가운데 이성과 상식을 사용하면 너무 쉽게 해

결될 수 있는 문제가 생각보다 많아요. 그런데 어떤 사람은 이성을 전혀 안 쓰려고 해요. '하나님의 뜻'을 환상을 보거나 신비한 음성을 듣는 것으로 오해하는 경향 때문이지요. 이런 사람은 이성을 사용해야 하는 것에 지극히 소극적이에요. 하지만 이성을 주신 분도 하나님이심을 기억해야 합니다.

김고민 _ 아! 목사님 말씀을 듣고 보니 제가 이성을 땅에 묻어두고 제대로 사용하지 못한 것 같아요.

L목사 _ 기억해야 할 것은 항상 균형이 필요하다는 거예요.

김고민 _ 균형이 필요하다고요?

L목사 _ 이성을 잘 사용한다는 핑계로 하나님의 뜻을 알기 위해 매사에 구하고, 찾고, 두드리는 기도의 자세를 등한시해서는 안 된다는 말이에요. 잠언 말씀처럼 우리의 이성과 지혜는 한계가 많거든요. "너는 마음을 다하여 여호와를 신뢰하고 네 명철을 의지하지 말라. 너는 범사에 그를 인정하라. 그리하면 네 길을 지도하시리라."

김고민 _ 아, 이거 잠언 3장 5~6절 말씀이지요? 제가 너무 좋아하는 구절이에요.

L목사 _ 네, 항상 그 말씀을 기억하며 우리에게 주신 이성을 적절히 사용하면 좋겠네요. 자, 하나님의 뜻을 분별하기 위한 두 번째 원칙으로 넘어가 볼까요? 저는 "성경을 펼치라"고 말씀드리고 싶어요.

김고민 _ 성경을 펼치라? 성경을 읽으라는 말씀인가요?

L목사 _ 네, 맞습니다. 성경에는 우리의 풍성한 삶을 위한 하나님의 뜻이 이미 나타나 있어요. 예를 들어 "때를 얻든지 못 얻든지 말씀을 전파하라"는 전도의 명령이 있지요. "가서 제자 삼으라"는 도전도 있고요. 지금 내 앞에 예수님을 모르는 사람이 있다면 그때 하나님의 뜻은 분명히 그에게 복음을 소개하는 것입니다.

김고민 _ 아….

L목사 _ 같은 교회 성도들 중에서 잘난 체하는 사람을 보고 '에이, 짜증나! 저 사람은 다른 교회로 좀 가버렸으면…' 하고 생각하는 것은 하나님의 뜻이 아니겠지요. 그 순간에서의 하나님의 뜻은 "오직 겸손한 마음으로 각각 자기보다 남을 낫게 여기고"(빌 2:3)라는 말씀에 입각하여 더욱 낮아져서 그 사람을 섬기는 데 있어요.

김고민 _ 생각했던 것보다 훨씬 더 분명한 하나님의 뜻이 성경에

"자, 하나님의 뜻을 분별하기 위한 두 번째 원칙으로 넘어가 볼까요?
저는 '성경을 펼치라'고 말씀 드리고 싶어요."

있는 경우가 많네요.

L목사 _ 좀 더 예를 들어 볼까요? 성경은 많은 곳에서 음란을 피하라고 말씀하지요. 혹시 어떤 사람이 야한 동영상을 볼지 안 볼지 하나님의 인도를 구하며 기도하고 있다면 그것은 첫 단추부터 잘못 끼우는 게 되겠지요. 성경에는 이와 같이 이미 드러난 하나님의 뜻이 명확하게 기록되어 있어요.

김고민 _ 정말, 목사님 말씀에 동의합니다. 그런데 수천 년 전의 신구약 시대 상황을 현대에 그대로 적용하는 데 무리가 있지는 않을까요?

L목사 _ 정말 좋은 지적이에요. 성경이 말하는 원리와 그 정신을 따르는 것이 중요하지, 시대적인 특성과 상황을 전혀 고려하지 않고 액면 그대로 적용할 때는 분명 문제가 생깁니다. 성경을 무미건조하고 딱딱한 법률책처럼 받아들이면 정말 답이 없어요.

김고민 _ 내 상황에 맞는 지혜로운 해석과 적용이 필요하다는 말씀이지요?

L목사 _ 그렇지요. 굉장히 복잡한 문제이긴 합니다. 이에 대한

많은 연구와 고민이 현대 신학자들 사이에서 논의되고 있어요. 기계적인 문자주의에 함몰되지 않으면서도 시대의 상황을 성경의 원리로 재해석하고자 하는 노력이 요구되지요. 제가 말씀드리고 싶은 것은 무엇보다 시대와 상황을 초월해서 성경이 말하는 근본적인 메시지에 겸손히 귀 기울이고자 하는 마음이 우리에게 필요하다는 거예요. 이러한 겸손한 자세는 그동안 하나님의 뜻이 무엇인지 몰라 막연하게 고민만 하는 사람들에게 희소식이 될 겁니다. 이와 관련해서 신학자 패커 박사는 "하나님의 뜻을 알기 위해서는 성경에 근거한 지혜와 분별력을 길러야 한다"라고 역설했어요.

김고민 _ 일주일에 성경을 한 장도 읽지 않으면서 '하나님의 뜻은 무엇일까?' 라고 고민하는 자체가 엉터리란 말이군요.

L목사 _ 네, 맞습니다.

김고민 _ 감사합니다, 목사님. 그렇다면 하나님의 뜻을 분별하기 위한 세 번째 원칙은 뭘까요?

L목사 _ 세 번째는 "작은 일부터 순종하라"입니다.

김고민 _ 작은 일부터 순종하라?

L목사 _ 네, 명확한 하나님의 뜻에도 순종하지 않으면서 아직 불명확한 하나님의 뜻을 알려달라고 하는 것은 모순이에요. 평소에 하나님의 뜻에 순종하지 않는 사람이라면 하나님의 뜻을 깨닫게 된다 할지라도 결국 그 사람은 순종하지 않을 것이 뻔합니다. 아니, 사실 그에게는 순종할 수 있는 능력이 이미 없다고 봐야겠지요. 매일매일 작은 일에 순종하는 훈련을 통해 길러지는 영적인 힘이 없으니 당연한 이치예요. 반대로 이미 알고 있는 하나님의 뜻에 겸손히 순종하며 살아가는 사람에게 하나님은 당신의 뜻을 보여주신 답니다.

김고민 _ 흠…. 마태복음 25장에 나오는 달란트 비유에서 주인이 "적은 일에 충성했으니 많은 것을 맡기리라"고 말했던 장면이 떠오르네요.

L목사 _ 맞습니다. 사실 우리의 미래는 안개가 자욱한 앞길처럼 잘 보이지 않아요. 그래서 불안해하지요. 그것 때문에 많은 사람이 불확실한 미래에 대해 알고 싶어 해요. 그런데 문제는 하나님이 그 미래를 명확하게 보여주시지 않는다는 거예요.

김고민 _ 맞아요. 그럴 때면 하나님이 너무 답답하게 느껴져요.

L목사 _ 하하하, 고민 형제만 그렇게 느끼는 건 아니에요. 저도

답답할 때가 많아요. 그리고 성경을 보면 많은 사람이 불안한 미래 때문에 힘들어하고 답답해했지요.

김고민 _ 하긴, 감옥 안에 있던 요셉이나 사울 왕에게 쫓기던 다윗…. 모두 얼마나 갑갑했을까요? 날마다 '나를 향한 하나님의 뜻은 과연 어디에 있을까?' 하고 고민하고 노심초사했을 것 같아요.

L목사 _ 맞아요. 그런데 그들의 귀한 점은 자신 앞에 있던 '작은 일'에 성실했다는 거예요. 요셉은 억울한 노예생활을 했던 보디발 장군의 집에서, 누명을 쓰고 갇혔던 지하 감옥에서도 불평하기보다는 자신에게 맡겨진 작은 일에 충실했어요. 미래에 대한 막막함도 물론 있었겠지요. 하지만 하루하루 감당해야 할, 어쩌면 지긋지긋한 그 일들이 바로 하나님의 명확한 뜻이라고 여겼던 것 같아요.

김고민 _ 아, 대단하네요. 저 같으면 매일 불평불만을 입에 달고 살았을 것 같은데….

L목사 _ 그런데 참 놀라운 것이, 세월이 지나 요셉이 애굽의 총리대신이 되잖아요. 사실 꿈 해몽 하나 잘했다고 총리가 되는 것도 신기한 일이지만 그 이후에 총리직을 아주 지혜롭게 잘 감당했다는 것도 정말 대단한 일이거든요.

김고민 _ 하긴 노예 출신에다가 감옥에서 방금 출소한 죄수가 총리직을 그렇게 탁월하게 잘하다니…. 하나님의 은혜였네요.

L목사 _ 물론 하나님의 은혜가 있었지요. 그런데 그 당시 거대 제국 중 하나였던 애굽의 총리직을 그렇게 잘 수행하려면 '실력'이 탁월해야 했거든요. 스펙이 전혀 없었던 요셉의 실력이 하늘에서 '뿅' 하고 떨어졌던 걸까요? 하나님은 보통 그런 방법을 잘 쓰지 않으세요. 먼저 요셉은 보디발 장군의 노예로 팔려갔을 때 하루하루 성실하게 일하게 되고, 결국 주인에게 인정받게 되지요. 나중에는 가정총무가 되어 그 집안의 제반업무 전체를 감당하게 됩니다. 그리고 그곳에서 실제적인 행정학, 회계학, 경영학 과정을 이수(?)하게 되지요.

김고민 _ 와! 그렇군요. 그때의 경험이 훗날 총리로 일할 때 정말 유용하게 쓰였겠네요.

L목사 _ 그 후에 요셉은 누명을 쓰고 정치범이 득실대는 지하 감옥에 갇히게 됩니다. 그런데 이때도 요셉은 감옥에서 하루하루를 충실하게 살아갑니다. 얼마나 억울했을까요? 하지만 지금의 상황을 한탄하기보다는 오히려 주변의 고통받는 사람들을 위로해주지요. 술 맡은 관원장과 떡 맡은 관원장이 꿈 때문에 괴로워하자 곁에 다

가가 그 꿈들을 해석해줍니다. 요셉이 갇혔던 감옥은 정치범 수용소였는데, 왕궁의 주요 보직에 있던 사람들이 이런저런 사정 때문에 죄수로 감금되어 있었어요. 요셉은 그들과 2년 정도 함께 있었던 셈이에요. 그 기간 동안 애굽의 최고위층에서 일어나는 수많은 야사를 다 전해 들었을 거예요. 지하 감옥에서 온갖 정치적인 이슈를 접하며 실제적인 정치학을 배운 것이지요.

김고민 _ 와! 요셉이 애굽의 탁월한 총리가 된 게 결코 우연이 아니었군요. 어찌 보면 요셉을 훈련시키기 위해서 하나님이 의도적으로 노예생활, 죄수생활을 하게 하신 거네요.

L목사 _ 결과적으로 보면 그런 셈이지요. 그런데 요셉 당사자의 입장에서 보면 억울하게 종살이하고 감옥살이한다는 게 결코 쉽지만은 않았을 거예요. 전혀 미래를 예측할 수 없는 상황이었으니 더욱 마음이 힘들었을 거예요.

김고민 _ 그럼에도 불구하고 "오늘 하루 나에게 주어진 일에 충실하자"는 마음으로 내딛은 발걸음이 요셉을 요셉되게 만든 것이군요.

L목사 _ 다윗도 비슷한 인생의 여정을 걸었어요. 그 역시 10년이 넘는 광야의 도망자생활을 했어요. 사실 선지자 사무엘에게 기름 부

음을 받고 나서 바로 왕이 될 것을 기대했을지 모르지요. 그런데 사울에게 계속 쫓겨 다니기만 했잖아요.

김고민 _ 맞아요. 동굴 어딘가에서 숨어 지내지 않았나요?

L목사 _ 아둘람 굴이었지요. 그곳을 거점으로 다윗처럼 억울한 사연을 가진 도망자들 400명이 함께 떠돌이 망명생활을 시작했지요. "그러므로 다윗이 그곳을 떠나 아둘람 굴로 도망하매 그의 형제와 아버지의 온 집이 듣고 그리로 내려가서 그에게 이르렀고 환난당한 모든 자와 빚진 모든 자와 마음이 원통한 자가 다 그에게로 모였고 그는 그들의 우두머리가 되었는데 그와 함께 한 자가 사백 명가량이었더라"(삼상 22:1-2). 그런데 거기에도 하나님의 섭리가 숨어 있었다는 사실이 놀라워요.

김고민 _ 동굴생활 속에도 하나님의 섭리가 있었다고요?

L목사 _ 한 번 상상해보세요. 환난당한 사람, 빚진 사람, 마음이 원통한 사람 등 400명이 좁은 동굴에서 집단생활을 한다면 무슨 일이 벌어질까요?

김고민 _ 음···. 생각해보니 정말 난장판이었을 것 같아요. 원래 마음의 상처를 많이 받은 사람이 거칠게 말하고 행동하잖아요. 서로 가시 돋친 말들을 쏟아내고, 멱살을 잡고 싸울 일이 많았을 것 같아요.

L목사 _ 그렇지요. 사회 부적응자들이 모인 공동체였으니 얼마나 크고 작은 갈등이 많았을까요? 다들 도망자 신세에다 동굴생활, 광야생활하며 숨죽여 살아야 했으니 툭하면 싸우고 분열했을 거예요. 다윗이 그 400명의 리더였잖아요. 그들을 다독이며 격려해야 했어요. 공동체 내의 갈등도 지혜롭게 중재해야 했고, 배고픈 그들을 먹여 살려야 했어요. 무엇보다 그들에게 선명한 비전을 제시해야만 했지요.

김고민 _ 와! 정말 쉽지 않은 일이었겠네요. 그런데 다윗 역시 요셉처럼 그 기간을 통해 온전한 리더로 잘 훈련 받았을 것 같네요.

L목사 _ 맞습니다. 그런 힘겨운 생활을 통해 다윗은 자신도 모르는 사이에 인격과 실력을 겸비한 탁월한 왕으로 준비되고 있었던 거지요.

김고민 _ 요셉과 다윗의 공통점이 있네요. 마태복음 25장 말씀처럼 작은 일에 순종하니 하나님이 큰일을 맡기셨어요!

L목사 _ 그렇습니다. 비록 작아 보이지만 눈앞에 놓인 분명한 하나님의 작은 뜻에 순종할 때 저 멀리 숨겨진 하나님의 큰 뜻도 조금씩 드러나기 마련이에요.

김고민 _ 음…. 이제 확실히 알겠습니다. 가만히 앉아서 고민하고 걱정하기보다는 먼저 제 앞에 주어진 하나님의 명확한 뜻에 순종의 걸음을 먼저 내딛어야 하겠군요.

L목사 _ 오~ 역시, 센스 있네요.

Text & Context

신뢰 속에서 하늘과
땅을 바라봄으로

김고민은 L목사가 인도하는 직장인 성경공부 모임에 참석했다. 몸이 피곤하다는 이유로 한동안 참석하지 않았던 모임이다. "하나님의 뜻을 알고 싶다"는 열망 때문일까? 요즘 틈틈이 기도도 자주하게 되고, 성경책을 펼치는 횟수도 잦아졌다. L목사와의 상담을 통해 손톱만큼이나마 영적으로 자란 느낌도 든다. 이 기회에 하나님의 뜻을 더 명확히 깨닫고, 그분의 뜻에 순종하고 싶은 마음이 간절했다. 성경공부 시간이 끝나자마자 김고민은 L목사에게 질문 공세를 퍼부었다.

김고민 _ 목사님, 수고 많으셨어요. 한 주 동안 목사님 만나길 눈 빠지게 기다렸어요.

L목사 _ 하하하! 고민 형제님, 잘 지내셨나요? 지난주에 하나님의 뜻을 분별하기 위한 세 가지 기본 원칙에 대해 이야기했었는데, 기억하나요?

김고민 _ 그럼요. 첫째로 "이성을 잘 사용하라"는 것, 그리고 둘째로 "성경을 펼치라", 셋째로 "작은 일부터 순종하라"였지요.

L목사 _ 오! 대단한데요.

김고민 _ 내 앞에 주어진 작은 일에 순종하라는 말씀을 마음에 새기고, 집과 회사에서 열심히 살았어요. 예전 같으면 불평, 불만이 입술에서 떠나지 않았었는데, 이번 한 주 동안 감사가 넘쳤던 것 같아요. 목사님 말씀 덕분에 많은 은혜를 받았답니다.

L목사 _ 하하하, 정말 감사할 일이네요. 그럼 오늘은 또 다른 원칙에 대해서도 알아봅시다. 하나님의 뜻을 분별하기 위한 네 번째 원칙은 "선하신 하나님을 신뢰하라"는 것이에요.

김고민 _ 선하신 하나님을 신뢰하라? 음…. 맞는 말이긴 한데 너무 당연한 일처럼 느껴져서 솔직히 무덤덤하네요.

L목사 _ 단순함 속에 심오함이 담겨 있는 법이지요. 우리는 자주 "내가 나를 가장 잘 안다"고 착각해요. 하지만 기억해야 합니다. 우리를 가장 잘 아시는 분은 하나님이시라는 것을. 그럼에도 불구하고 우리는 흔히 "무엇이 나를 더 행복하게 만들지, 내가 주님보다 더 잘 알고 있어요"라고 말할 때가 있어요.

김고민 _ 아…. 그런 것 같아요. 내가 나를 가장 잘 안다는 건 정말 착각이겠죠? 하나님이 더 잘 아실 텐데요.

L목사 _ 그래서 내가 원하지 않는 것을 선택하라고 하나님이 명령하실까봐 미리 거부반응을 일으키곤 해요. 그때 우리는 아예 하나님의 뜻을 분별하려고 하지도 않아요. 이건 그야말로 '설레발' 입니다. 분명히 하나님은 우리가 행복하기를 원하시거든요. 내 뜻과 하나님의 뜻이 부딪혀서 갈등할 때도 하나님의 뜻이 나에게 있어서 '최선의 것' 임을 믿는 자세가 필요해요. 하나님의 뜻을 기꺼이 받아들이고자 하는 마음이 없으면 분별력은 힘을 잃게 되지요.

김고민 _ 가만히 생각해보면 하나님의 뜻을 알고자 애쓰지만 여전히 아직도 포기하지 않은 나만의 영역(사람, 야망, 조건, 물질 등)이 있는 것 같아요. "하나님이 그것을 내려놓으라고 하면 어떻게 하지?" 하면서 지레 겁을 먹고 걱정할 때가 잦아요.

L목사 _ 하하하, 솔직해서 좋아요. 그 사실을 있는 그대로 인정하고, 하나님의 뜻 앞에 내 뜻을 기꺼이 내려놓고자 하는 마음을 달라고 먼저 기도하면 됩니다. 내려놓음은 결코 나에게 손해가 되는 것이 아니거든요.

김고민 _ 내려놓음은 손해가 아니다?

L목사 _ 네, 물론입니다. 손해가 아니라 오히려 나에게 가장 큰 유익을 줄 수 있는 첩경이에요. 그래서 내려놓음의 연습을 꾸준히 해 나갈 때 비로소 분별력의 감각이 살아나기 시작합니다.

김고민 _ 그런데 어떤 식으로 그 연습을 할 수 있나요?

L목사 _ 여기서 그다음 원칙이 나옵니다. 다섯 번째 하나님의 뜻 분별의 원칙은 "말씀과 기도를 병행하라"입니다.

김고민 _ 말씀과 기도? 이것도 엄청 상투적인 표현이네요. 성도라면 늘 하는 것 아닌가요? 그리고 지난번에 "성경을 펼치라"고 말씀하셨잖아요. 살짝 겹치는 것 같은데….

L목사 _ 제가 말하는 '말씀과 기도'라는 것은 공적예배 때 공동체가 함께 모여서 기도하는 행위나 성경의 일반적인 교리, 혹은 가르침을 이야기하는 게 아니에요. 그것 말고, 좀 더 개인적이고 은밀한 사귐의 차원에서의 말씀과 기도를 이야기하는 거예요.

김고민 _ 홀로 있을 때 말씀과 기도로 하나님 앞으로 나아가라는 뜻이군요.

L목사 _ 그렇지요. 수많은 믿음의 선조가 침묵 가운데 홀로 성경 말씀을 읽고 묵상하면서 하나님의 인도를 경험했어요. 평소에 알고 있던 말씀인데 어느 날 나에게 '쿵' 하고 와 닿는 구절이 있어요. 깊이 성경을 묵상하다 보면 말씀이 히브리서에서 말하는 것처럼 꿈틀거리며 살아 움직이는 것처럼 느껴질 때가 있어요. 자, 히브리서 4장 12절 말씀을 한 번 찾아보세요.

김고민 _ 네, 잠시만요. 히브리서라….
"하나님의 말씀은 살아 있고 활력이 있어 좌우에 날선 어떤 검보다도 예리하여 혼과 영과 및 관절과 골수를 찔러 쪼개기까지 하며 또 마음의 생각과 뜻을 판단하나니"(히 4:12).

L목사 _ 살아 있는 말씀, 활력이 있는 말씀, 칼 같은 말씀! 이 말씀이 어떤 이에게는 평안으로, 어떤 이에게는 도전과 책망으로 다가와요. 하나님은 그 말씀과 원리를 통해 우리를 생생하게 인도하십니다. 그런데 개인적으로 큐티(Quiet Time)를 하거나 깊이 있는 개인 성경공부(Personal Bible Study) 시간을 꼭 가져야 하지요. 그런데 이런 사람이 너무 없어서 안타까워요.

김고민 _ 아…. 큐티를 해야 한다는 당위성은 알고 있지만 그것이 삶의 습관이 되지 못하는 것 같아요.

L목사 _ 개인적으로 조용한 시간과 장소를 할애해서 성경을 깊이 있게 묵상하는 습관은 훈련이 필요한 영역이긴 해요. 쉽지 않지요. 그래도 꾸준히 해 나가면서 거룩한 습관이 되게 해야지요. 그리고 앞서 말했듯이 기도 역시 '합심기도'가 아닌 '개인기도'를 말하는 겁니다. 합심기도도 중요하지만 개인기도가 더욱 중요하지요. 한국교회 성도들의 경우 합심기도는 아주 잘하시지요. 다 함께 모였을 때 뜨겁게 부르짖는 '통성기도'라는 이름으로 몸에 체질화가 되어 있어요.

김고민 _ 아, 언젠가 목사님이 말씀하시길 '통성기도'가 국제적으로 'Tongsung Prayer'라고 불린다고 하셨어요. 그때 얼마나 웃었는지.

L목사 _ 맞아요. 'Korean Style Prayer'라고도 하지요. 전 세계 어느 나라보다 '기도회'라는 이름으로 많이, 자주 모이는 민족이 바로 우리들이에요. 합심해서 큰소리로 구하는 기도. 정말 중요하고 장점이 많은 방식이지만…. 기도라는 것 자체가 기본적으로 하나님과의 일대일 개인적인 사귐을 전제로 하고 있는 것이잖아요. 그것 없이 합심기도, 통성기도에만 집중한다면 소중한 것을 잃어버리는 겁니다. 개인적으로 깊이 기도할 때 성령이 어떤 사안과 일에 대한 깊은 확신을 주시는 경우가 자주 있지요. 기도할 때 영적인 감각과 근육이 활기를 찾게 되는 것은 물론이고요. 분별력도 마찬가지랍니다. 기도의 깊이가 더해 가면 갈수록 하나님의 뜻에 대해 순종하고자 하는 마음이 더 많이 생기기 마련이에요.

김고민 _ 그러고 보니 예수님도 항상 아무도 없는 곳에서 홀로 기도하셨지 않나요? 이른 아침에는 감람산에서, 늦은 밤에는 겟세마네 동산에서 하나님의 뜻을 분별하기 위해 기도하셨잖아요.

L목사 _ 잘 지적하셨어요. 예수님의 기도 방식이 우리의 기본적

인 롤모델이 되어야겠지요. 사실 "홀로 기도하는 가운데 하나님의 인도하심을 경험할 수 있다"는 기독교의 기본적인 진리를 수많은 사람이 머리로는 잘 알고 있어요. 하지만 매일 정해진 시간과 장소에서 실제로 기도하는 사람은 소수에 불과해요.

김고민 _ 아…. 저도 교회에서 모이는 기도회에는 그나마 자주 참석했었지만…. 집에서 하는 개인기도 시간을 충분히 확보하지 못했던 것 같아요. 하나님의 뜻이 어디에 있을까 궁금해 하기만 했지, 정작 기도 가운데 거하지는 못했네요.

L목사 _ 힘을 내세요, 고민 형제님. 오늘부터라도 다시 시작하면 됩니다.

김고민 _ 넵! 감사합니다.

L목사 _ 자, 그다음 단계로 넘어가 볼까요? 여섯 번째 원칙은 "환경과 상황을 살펴보라"는 것입니다.

김고민 _ 주변의 환경을 통해 하나님의 뜻을 발견하라는 의미인가요?

ㄴ목사 _ 네, 맞아요. 하나님은 주변 여건을 통해 우리를 인도하시는 경우가 종종 있습니다. 하나님이 자꾸 어디론가 나를 몰아가는 듯한 상황이 연출될 때가 있어요. 때로는 하나님이 한쪽 문을 막고 다른 쪽 문을 여는 것 같은 환경을 마련하실 때도 있고요.

김고민 _ 그러고 보니 저도 몇 번 그런 경험이 있어요. 하고 싶었던 일이 있어서 기도로 준비하고 있었는데 상황이 전혀 여의치가 않는 거예요. 상심이 많이 되었지만 그래도 계속 기도하면서 기다리고 있었는데 갑자기 길이 열리면서 그 일을 하게 된 적이 있었어요. 그때 얼마나 감사했던지….

ㄴ목사 _ 아, 그랬군요. 그런데 고민 형제님, 환경을 통해서만 하나님의 뜻을 분별하려고 해서도 안 됩니다.

김고민 _ 엥? 목사님, 왜 이랬다저랬다 하시는 거예요? 상황을 살펴보라고 하셨으면서, 또 그러면 안 된다고 하시고….

ㄴ목사 _ 하하하! 말을 바꾸는 게 아니고요, 상황을 살펴볼 때 굉장히 신중해야 한다는 뜻이에요. 안타깝게도 하나님의 뜻을 분별하는 데 환경적인 요소를 99%까지 활용하는 오류를 범하는 사람이 많기 때문이에요. 하나님은 환경을 통해 역사하시기도 하지만 그렇지

않을 때도 많거든요.

김고민 _ 아, 무슨 말씀인지 알겠어요. 주변의 상황이 좋아지면 하나님의 뜻인 것 같고, 나빠지면 "어? 하나님의 뜻이 아니었던가?" 하고 의문이 들 때가 많았거든요. 음…. 제가 생각해도 너무 이기적인 것 같아요.

L목사 _ 자, 예를 들어 볼게요. 구약의 요나서 1장을 한 번 보세요. 요나는 니느웨로 가야만 했지만 하나님의 뜻을 거슬러 다시스로 갔었지요. 그런데 마침 항구에 다시스로 가는 배가 준비되어 있었어요. 이때 요나 입장에서는 '아, 환경이 이렇게 척척 맞아 떨어지니 하나님의 뜻인가 보구나!' 라고 생각했었겠지요. 상황을 하나님의 뜻에 끼워 맞춘 거예요. 반대로 급한 풍랑이 불어 다시스로 가는 배가 위험해진 적이 있었지요? 하나님이 어려운 상황을 통해 요나에게 경고하신 거였는데, 요나는 눈과 귀를 막고 배의 맨 아래층에서 쿨쿨 잠만 잤어요.

김고민 _ 그때 요나는 '아, 풍랑을 통해 하나님이 나에게 경고하시는구나!' 라고 생각했어야 했네요. 정리해보자면 "하나님은 환경과 조건을 통해 말씀하실 때도 있고, 그렇지 않을 때도 있다"는 건가요?

L목사 _ 그렇지요. 예를 들어 고민 형제가 지금 대학원으로 진학하는 것 때문에 고민하고 있지요? 그런데 국내외를 막론하고 한 군데도 입학할 수 없는 상황이라고 합시다. 그렇다면 어느 정도 하나님께서 이 길을 원하지 않으신다는 사인일 수 있거든요. 반대로 대학원 다섯 곳에서 동시에 입학 허가가 났다고 해요. 그런데 하나님이 강권적인 방법으로 "고민아, 지금 당장 지구 반대편 오지로 1년간 단기 선교사로 가거라"고 하실 수도 있어요.

김고민 _ 악! 뭐가 이리 복잡하나요? 잘 분별해서 순종한다는 것, 정말 어려운 일이네요.

L목사 _ 더 혼란스러운 것은 하나님의 뜻을 발견하고 제대로 순종했을 때 오히려 상황이 악화되는 경우도 잦다는 거예요. 그때 헷갈리면 안 되지요.

김고민 _ 그런데 목사님, 하나님의 뜻이 맞는다면 상황이 술술 잘 풀려야 하지 않나요?

L목사 _ 자, 창세기 12장을 한 번 보세요. 아브람이 본토 친척 아비집을 떠나 하나님의 부르심에 순종해서 가나안 땅으로 가요. 우리의 생각에 '아브람이 하나님의 뜻을 잘 분별해서 믿음 하나 가지고

먼 길 왔으니 이제 비가 때에 맞게 와서 농사도 잘 짓고 목축업도 번성하는 일만 남았다' 라고 예상할 수 있어요. 그런데 현실은 그렇지 않았어요. 갑자기 그 땅에 엄청난 가뭄이 들어요. 그 당시에는 아브람이 아직 믿음이 어린 상태라 가나안 땅에서 버티지 못하고 애굽으로 피난을 가지요. 아마 환경이 너무 어려워서 '이건 하나님의 뜻이 아니었군!' 하고 생각했던 것 같아요.

김고민 _ 아하! 이제 좀 알 것 같네요. 상황이 아무리 어려워도 분명히 하나님의 뜻이라고 믿는다면 도망가면서 자기 정당화를 할 것이 아니라 "주님, 이 고난 가운데서도 이길 수 있는 힘을 주소서!"라고 기도해야 한다는 말씀이지요?

L목사 _ 네, 정확합니다.

김고민 _ 음…. 정리해 볼게요. "하나님은 상황과 환경을 통해서 말씀하신다. 하지만 이것은 상대적인 것이지 절대적인 하나님의 사인은 아니다." 맞죠?

L목사 _ 탁월한 정리입니다!

김고민 _ 네, 목사님. 기억하겠습니다. 오늘도 감사합니다.

Part 1   People & God

신실한 사람과 기쁨의
하나님을 수용함으로

      L목사와의 앞선 두 차례의 만남을 통해 '분별력'에 대한 어느 정도의 해답을 찾은 김고민. 아직도 가야할 길이 멀게만 느껴지지만 그래도 믿음의 여정을 향한 발걸음이 예전보다 훨씬 가볍다. 오늘은 마지막 상담이 약속되어 있는 날. 설레는 마음으로 교회 카페에서 L목사를 기다린다. 마침, 오전 사역을 마친 L목사가 반갑게 손을 흔들며 들어온다.

   김고민 _ 어서 오세요, 목사님. 오늘은 분별의 원리에 대한 결론 부분에 대해 말씀해주기로 하셨지요?

L목사 _ 네, 맞아요. 이때까지 살펴본 '하나님의 뜻을 분별하는 원리들'을 기억하고 있나요?

김고민 _ 음…. 잠깐만요. 정리해 볼게요! 두 주 동안 분별력에 대한 여섯 가지 원칙을 정리해 주셨지요. 첫째로 이성을 잘 사용하라, 둘째로 성경을 펼치라, 셋째로 작은 일부터 순종하라, 넷째로 선하신 하나님을 신뢰하라, 다섯째로 말씀과 기도를 병행하라, 여섯째로 환경과 상황을 살펴보라.

L목사 _ 와~ 정확합니다. 머리가 상당히 좋네요!

김고민 _ 헉! 저도 놀랐네요. 이렇게 술술 나올 줄은…. 요즘 "나를 향한 하나님의 뜻이 어디에 있을까?"에 대한 고민이 너무 많아서 항상 메모해 두고 생각했거든요. 그래서 기억이 난 것 같아요. 헤헤.

L목사 _ 자! 그럼, 일곱 번째 원칙을 소개할게요. "신실한 크리스천의 권고를 들어라!"

김고민 _ 다른 사람의 의견을 물으라는 건가요?

L목사 _ 네, 맞아요. 하나님의 인도를 확신하는 많은 사람 중에

극단적인 주관성에 빠져 있는 경우가 있거든요. 예를 들어 갑자기 한 자매가 고민 형제에게 찾아와 "하나님은 나에게 당신을 허락했어요! 나와 결혼해주세요"라고 말하며 대시해 온다면 어떻게 해석해야 할까요?

김고민 _ 저야 좋지요, 뭐. 여자 친구도 없는데. 아, 농담입니다.

L목사 _ 하하하, 저는 주변에서 이런 경우를 자주 봅니다. 만약 결혼하라는 하나님의 뜻이 확실하다면 대시한 사람뿐만 아니라 상대편도 그 메시지를 분명히 듣게 될 거예요. 그렇지 않다면 그 자매 혼자만의 착각이 확실합니다. 이것은 하나님의 뜻에 대한 너무나 주관적인 판단의 예입니다. 그런데 하나님의 뜻은 주관과 객관의 균형 가운데 있는 법이거든요.

김고민 _ 아, 그러니까…. 나의 주관이 객관화될 수 있도록 사람들의 조언을 구하란 말씀이군요.

L목사 _ 맞아요. 하나님은 그분의 뜻에 온전히 자신을 의탁하고, 우리 자신을 잘 아는 다른 그리스도인의 권고와 충고를 통해 우리를 인도하실 때가 자주 있답니다. 하나님은 주변 동역자들의 의견으로 '확증된' 개인의 확신을 통해 인도하시지요.

김고민 _ 음…. 그렇지만, 사람의 목소리에 귀 기울이다 보면 정작 들어야 할 하나님의 목소리를 못 듣지 않을까요?

L목사 _ 그럴 위험성이 분명히 있지요. 그렇기 때문에 조언 받을 대상의 기준을 '신실한' 크리스천으로 한정해야 합니다. 그냥 교회만 왔다 갔다 하는 세속적인 '선데이 크리스천'이나 그저 자신과 친한 '주변 사람'이 아니에요. 하나님께 전적으로 헌신되어 있고, 그분의 뜻을 평소에 잘 순종하며 살아가는 크리스천의 코치를 받아야 하겠지요.

김고민 _ 음…. 중요한 결정의 순간에 반드시 영적 멘토링이 필요하다는 말씀?

L목사 _ 그렇습니다. 기독교 리더십의 권위자인 로버트 클린턴 박사가 기독교 역사 가운데 하나님을 위해 귀하게 쓰임 받았던 이들의 삶을 연구하면서 중요한 공통점 한 가지를 찾았다고 해요(「영적 지도자 만들기」(서울: 베다니출판사, 2014).

김고민 _ 어떤 공통점이요?

L목사 _ 그들 모두 인생의 여정 가운데 10명 정도의 영적인 멘토

를 만났다고 합니다.

김고민 _ 와! 그래요?

L목사 _ 그들이 위대하게 쓰임 받은 이유는 중요한 인생의 기로
에서 홀로 서 있지 않고 성숙한 멘토와 함께 있었기 때문이라는 거

"신실한 크리스천의 권고를 들어라!"
하나님은 주변 동역자들의 의견으로 '확증된'
개인의 확신을 통해 인도하시지요.

예요. 그들은 분별력이 필요한 시기에 멘토의 적절한 권고와 충고, 격려와 책망을 받았어요. 아무리 영적으로 성숙한 사람이라 해도 어떤 특수한 상황에 감정적으로 매여 있을 경우 오류에 빠질 수도 있거든요. 그런데 그들은 멘토들의 적절한 권고를 통해 균형감각을 상실하지 않고, 하나님의 뜻을 발견하는 데 결정적인 도움을 받았다고 볼 수 있지요.

김고민 _ 정말 공감이 됩니다! 그렇다면 저도 주변에 좋은 멘토를 어서 모셔야겠어요. 10명을 채우려면 지금부터 열심히 찾아야겠습니다.

L목사 _ 하하하! 좋은 생각입니다. 일평생 10명 정도니까 그렇게 조급해하진 않아도 됩니다. 오늘부터 "하나님, 평생에 좋은 영적인 스승 10명을 주옵소서" 하고 기도하면 되겠네요.

김고민 _ 넵! 알겠습니다.

L목사 _ 그런데 한국적인 정서 안에서는 "멘토는 일단 나보다 나이가 많은 사람이어야 한다"는 선입견이 있거든요. 그걸 벗어버리는 것도 중요합니다.

김고민 _ 음…. 그래도 영적인 스승인데 저보다 어린 동생들에게 멘토링을 받는다는 게 좀 자연스럽진 않네요. 자존심도 상하고….

L목사 _ 그런 자세는 기독교의 유산이 아니에요. 오히려 유교문화의 영향을 받은 태도이지요.

김고민 _ 앗! 그런가요?

L목사 _ 멘토는 나보다 나이가 어려도 됩니다. 학교에서는 후배, 회사에서는 나보다 직급이 낮은 부하직원도 나의 좋은 코치가 될 수 있어요. 교회에서도 마찬가지예요. 집사님이 장로님의 훌륭한 영적 멘토가 될 수 있어요. 내가 만약 소그룹 리더라면 내가 섬기는 조원도 좋은 멘토가 될 수 있습니다. 물론 평신도도 저와 같은 목회자의 영적 스승이 될 수 있고요. 저도 목사지만 어렵고 힘들 때나 중요한 결정을 내려야 할 때 조언을 구하고, 기도 요청을 하는 평신도들이 계십니다. 내가 가진 권위, 직급, 나이 등의 계급장을 떼고 낮아진 마음으로 주변을 돌아본다면 생각보다 좋은 멘토를 많이 만날 수 있을 거예요.

김고민 _ 아…. 저도 모르게 멘토링의 영역을 축소시켰던 것 같군요. 멀리서 '신령한(?)' 멘토를 찾으려 하기보다는 제 주변의 '신실한(!)' 하나님의 사람들에게 겸손한 마음으로 먼저 다가가는 자세가 필요하단 말씀이네요.

L목사 _ 엄지척! 입니다. 이해력이 빠르군요. 그리고 누군가의 조언을 구할 때 '내가 듣고 싶지 않은 충고를 할지도 모르는 사람에게 찾아가 말하기' 를 두려워하지 않아야 하는 것도 잊지 마세요.

김고민 _ 엥? 그게 무슨 말씀이신가요?

L목사 _ 간혹 하나님의 뜻이 아니라 나의 이기적인 뜻을 관철시키기 위해 다른 사람의 동의를 구할 때가 있거든요. 그래서 조언을 구한다고 말하면서 '예스맨' 만 찾아다니는 사람이 있어요.

김고민 _ 아하! 내 뜻을 합리화시켜줄 '좋은 말' 만 해주는 사람이 아니라 나에게 '쓴 소리' 도 가감 없이 해줄 수 있는 사람에게 찾아갈 용기가 필요하다는 말씀이군요.

L목사 _ 맞아요. '예스맨' 이 아니라 '예수맨' 을 찾아가야지요. 사실 저 같은 경우도 항상 제 생각에 "예스"라고 동의하고 격려해주는 사람만 곁에 두고 싶은 마음이 있어요. 그런데 만약 그들이 예수님의 뜻에 순종하기 원하는 '예수맨' 이 아니라면 어떻게 될까요? 제

가 하나님의 뜻과 반대되는 결정을 할 때 "그건 아니야!"라고 소신 있게 얘기해줄 사람이 곁에 없다는 것은 정말 불행한 일이지요.

김고민 _ 음…. 무슨 말인지 알겠습니다, 목사님!

L목사 _ 자, 이제 여덟 번째 원리를 말씀 드릴게요. 한 번 저를 따라 말해보세요. "하나님을 기뻐하라!"

김고민 _ 하나님을 기뻐하라!

L목사 _ 시편 37편 4절에서 다윗은 "여호와를 기뻐하라. 그가 네 마음의 소원을 네게 이루어주시리로다"라고 노래했어요. 우리 가운데 소원을 행하시는 분은 하나님이신데(빌 2:13), 그 소원이 실현되는 가장 좋은 지름길이 바로 '그분을 마음껏 기뻐하는 것'이라고 할 수 있지요. 그래서 우리가 정말 하나님을 즐거워하여 그분께 순종하고자 하는 마음이 있다면 하나님이 원하시는 바를 우리가 잘 분별해서 그 뜻에 맞게 행하고 있을 가능성이 상당히 높아요.

김고민 _ 그렇다면…. 하나님의 뜻을 잘 분별하기 위해서는 기본적으로 그분을 "좋.아.해.야. 한.다"는 말씀인가요?

L목사 _ 그런 셈이지요. 하나님을 사랑하고 좋아하는 사람은 그분의 성품(사랑, 인자, 자비, 용서, 공의, 성실 등)에 대한 지식이 삶으로 체득되어 그분을 기뻐하게 되지요. 하나님을 향한 기쁨, 감사, 사랑과 같은 감정은 그분의 뜻을 분별하는 데 큰 도움이 되거든요.

김고민 _ 음…. 그 반대도 있을 수 있겠네요. 하나님을 별로 안 좋아하게 된다면….

L목사 _ 하나님에 대한 잘못된 선입견이나 오해 때문에 그분을 기뻐하지 못한다면 분별력 지수가 현저히 떨어질 수밖에 없겠지요? 그런 사람들은 '내가 하고자 하는 바는 결코 하나님의 뜻이 될 수 없다'는 생각을 하곤 해요. 이것은 굉장히 부정적 자아상을 갖고 있거나 하나님의 성품에 대한 왜곡된 개념을 갖고 있는 사람들이 흔히 하는 실수예요. 어떤 사람이 진정 하나님으로 인해 기뻐하고 감사하며 즐겁게 그분을 따르고 있다면 그 사람의 소원은 하나님의 뜻과 상당 부분 일치하게 되는 면이 있어요. 하지만 신앙생활에 기쁨이 없다면 그의 소원이 하나님의 뜻과 반대일 가능성이 상대적으로 높아지지요.

김고민 _ 평소에 하나님을 어떻게 생각하고 있느냐가 분별력에 영향을 줄 수 있다는 말씀이네요.

L목사 _ 맞습니다. 하나님을 부정적으로 생각하는 사람의 한 가지 특징은 분별의 시간 앞에서 '우물쭈물' 하는 거예요.

김고민 _ 우물쭈물한다고요?

L목사 _ 제가 아는 어떤 분은 선택의 기로에서 하나님의 뜻을 분별하느라 너무 많은 시간을 허비하는 경우를 봤어요. 그분은 자주 "하나님이 쥐덫을 놓는 식으로 나를 다루는 건 아닐까?" 하고 노심초사했었지요. 하나님은 그런 분이 아니신데…. 참 좋으신 분인데…. 하나님은 함정에 빠진 우리를 보고 "하하하! 여기로 올 줄 알았어. 하지만 이건 잘못된 길이었어. 다시 뒤로 돌아가!"라고 잔인하게 말씀하시는 분이 결코 아니거든요. 이런 사고는 하나님을 무자비하고 잔인한 존재로 오해하기 때문에 생긴 거예요. 성경은 우리 귀가 닳도록 끊임없이 "하나님은 선하시다. 인자와 자비와 사랑이 충만하신 분이다"라고 이야기하고 있어요.

김고민 _ 아! 그래서 목사님이 지난 성경 공부시간에 하나님을 '제대로' '더' 알아가야 한다고 말씀하셨군요. 에베소서 말씀이었던가요?

L목사 _ 맞아요. 에베소서 3장 18~19절 말씀이지요. "능히 모든

성도와 함께 지식에 넘치는 그리스도의 사랑을 알고 그 너비와 길이와 높이와 깊이가 어떠함을 깨달아 하나님의 모든 충만하신 것으로 너희에게 충만하게 하시기를 구하노라." 사도 바울이 말한 바와 같이 주님의 사랑은 그 너비와 길이와 높이와 깊이를 측량하지 못할 정도예요. 그걸 제대로 알지 못하면 선택의 기로 앞에서 지나치게 '우물쭈물' 할 수 있어요. 하나님은 우리가 분별력이 약해서 비록 제대로 된 선택을 하지 못할 때에도 합력해서 선을 이루어주실 정도로 좋은 분이세요(롬 8:28). 때로는 죄가 아니라면, 그리고 비상식적이지 않다면 믿음으로 기도하면서 마음에 품은 일을 추진하는 게 좋을 때도 있어요.

김고민 _ 아…. 하나님의 뜻을 분별한다는 게 정말 쉬운 주제가 아니네요. 하지만 앞서 말씀해 주신 여덟 가지 원칙만 제대로 제 삶에 적용해도 많은 도움을 받을 수 있을 것 같아요. 감사합니다, 목사님! 하나님의 뜻을 더 잘 분별할 수 있도록 노력할게요.

지금 이 시간을
충실히 살아냄으로

피곤한 하루의 목회 일정을 마치고 집에 돌아온 L목사. 잠자리에 누워 지난 3주 동안 김고민과 '하나님의 뜻을 분별하는 여덟 가지 원리'에 대해서 나눈 대화를 곰곰이 생각해보았다. 그러다 문득 어떤 생각이 뇌리를 스쳐 지나갔다. L목사는 갑자기 자리에서 벌떡 일어나 컴퓨터 전원을 켰다. 고민 형제에게 이메일을 쓰기 위해 인터넷에 접속했다. 마지막 아홉 번째 원리에 대해 이야기하기 위해서다.

주 안에서 사랑하는 고민 형제에게

고민 형제, 하나님의 뜻을 분별하는 마지막 아홉 가지 원리가 방금 생각났어요. 결론이라고도 할 수 있겠네요. 그것은 "현재의 삶에 충실하라"는 것입니다. 늦은 밤이지만 너무 중요한 이슈라서 지금 바로 메일을 보냅니다.

하나님은 분명 우리의 일생에 대한 놀라운 계획과 목적을 가지고 계십니다. 제가 참 좋아하는 말씀인데요, "여호와께서 사람의 걸음을 정하시고 그의 길을 기뻐하시나니"(시 37:23). 다윗의 시편 고백입니다. 이 사실을 믿는 사람이라면 자신의 일생에 대한 하나님의 뜻을 발견하기 위해 애를 씁니다. 그런데 종종 어떤 사람들은 '일생'(whole life)에 대한 하나님의 뜻을 알게 해달라고 기도하지요. 이들이 보통 뜻하는 바는 "내 일생에 대한 하나님의 청사진을 발견하게 해달라"는 것입니다.

하지만 하나님이 한 사람의 인생 전체의 청사진을 보여주시는 일은 거의 없습니다. 어쩌면 하나님이 고민 형제에게 "자, 여기 있어. 이게 네 인생 전체의 완전한 청사진이야"라고 보여주신다면 무척 당황할지도 모를 일입니다. 주로 하나님이 보여주시는 것은 '바로 다음 단계'의 작은 사진이에요. 이런 방식으로 하나님은 그분의 뜻을 우리에게 알려주시곤 합니다. 그래서 우리에게 중요한 것은 '지금 이 순간' 입니다. '지금' 이 없다면 '다음' 을 연결할 고리가 없어지기 때문이에요.

일반적으로 우리가 하나님의 뜻에 대해 말할 때는 미래의 일에 관해 이야기하곤 해요. 하지만 미래의 일에만 집중하게 되면 하나님이 선물로 주신 현재를 놓쳐버리는 오류를 범할 수 있답니다. 아시겠지만 미래는 현재를 통해 만들어지고 가꾸어지는 것이에요. 따라서 그리스도인에게 있어서 더욱 중요한 것은 앞으로 벌어질 미래가 아니라 오늘입니다. 미래의 알지 못하는 일에 대해서 두려워하고 염려한 나머지 오늘 내가 현실에서 해야 할 일을 망각해버리는 것만큼 어리석은 일은 없어요. 그래서 종교개혁자 마틴 루터는 "내 달력에는 오직 이틀만 있을 뿐이다. 오늘, 그리고 주님이 오실 그날!"이라고 역설했습니다. 따라서 미래에 일어날 하나님의 뜻을 찾기 위한 최선의 방법은 현재에 충실한 삶이라 할 수 있어요.

하나님의 뜻을 알기 위해 애쓰며 자신의 소명을 위해 불철주야 매진하는 사람들 중에는 때때로 유연성을 상실한 사람들이 간혹 있습니다. 한 가지 일에만 매몰되는 것이지요. 나름 잘 훈련되고 헌신된 크리스천일수록 한 가지 일에만 지나치게 몰두하는 경향이 있습니다. 그래서 가족, 친구 등과의 인간관계가 허물어지는 경우가 있지요. 때로는 건강을 돌보지 않아 하나님의 일을 효과적으로 감당하지 못하는 경우도 생기고요.

우리를 향한 하나님의 뜻은 '단수'가 아니라 '복수'라고 보면 됩니다. 고민 형제는 한 회사의 직원이기도 하고, 부모님에게는 자녀이며, 형에게는 동생, 교회에서는 성도로 살아가고 있지요? 만약 앞으로 결혼을 한다면 남편으로, 아이를 낳게 된다면 부모로 하나님을 섬기며 세상을 섬겨야 해요. 이렇듯 우리 모두가 복수의 부르심을 입은 자예요. 하나님의 뜻을 찾아가는 과정 중에 균형 감각과 유연성을 유지하는 태도가 반드시 필요하답니다. 현재 여러 모양으로 나에게 주어진 일상의 삶을 외면하지 말고, 지혜롭게 하루하루 살아가길 부탁드릴게요.

한 가지 팁을 드리자면 "지금 이 순간의 소중함을 누리라"고 말씀드리고 싶네요. 하나님이 주신 오늘 하루가 얼마나 소중한지요. 바쁜 일상 가운데서도 여유를 좀 가지면 좋겠습니다. 물론 보이지 않는 미래 때문에 불안하겠지요. 하지만 하늘을 한 번 보면서 "씨~익" 웃어보세요. 너무 미래에만 골몰하지 마세요. 노래 가사 있잖아요. "지금 이 순간~!" 하나님이 주신 지금이라는 너무나 귀중한 선물을 누릴 수 있는 마음가짐이 중요하답니다. 요셉이 감옥에서 '내 미래는 어떻게 될까?'라고 걱정만 했으면 굉장히 힘들었을 거예요. 그는 감옥에서도 옆의 동료들에게 다가갑니다. 그리고 그들과 대화를 나누고, 그들의 고민을 들어주지요. 감옥에서도 굉장히 여유(?) 있는 삶을 살았어요. 현재에 충실한 사람에게만 나오는 영적 내공이라고도 할 수 있지요.

헤밍웨이는 날마다 정오가 되면 글 쓰는 작업을 중단하고, 오후에는 낚시를 즐겼다고 합니다. 문장을 미처 끝내지 못했을 때도 이 원칙은 그대로 지켜졌다고 해요. 위대한 기독교 변증가 C. S. 루이스는 아무리 바빠도 날마다 산책하는 시간을 가졌고, 받은 편지에는 일일이 답장을 보냈지요. 존 웨슬리와 찰스 웨슬리를 믿음의 자녀로 양육한 수잔 웨슬리는 매주 1시간씩 각 자녀와 둘만의 시간을 보냈고요. 진정한 하나님의 뜻은 현재의 순간을 소중히 여기며 순간의 경이를 날마다 경험하는 자에게 보이게 마련입니다. 바울의 "무슨 일을 하든지 마음을 다하여 주께 하듯 하고 사람에게 하듯 하지 말라"(골 3:23)는 말씀을 꼭 기억하세요. 미래에만 매몰되지 않고 현재의 삶에 충실할 때 고민 형제를 향한 하나님의 뜻을 더 명확히 알 수 있을 거예요.

아, 메일을 쓰다 보니 너무 길어졌네요. 저는 현재의 삶에 충실하기 위해 이제 꿈나라로 가겠습니다. 내일 새벽기도회를 인도해야 해요. 그럼~

P·A·R·T·2

광야에서 하나님의
길을 분별하다

Part 2

Desert & God

하나님과 대면하는
광야에 서서

시련이란 천국의 보석을 연마하는
다이아몬드 가루이다 _ 로버트 레이턴

이문제 집사는 요즘 문제가 많다. 특히 오랫동안 신앙생활을 하면서 마음속에 꾹꾹 묻어두었던 여러 가지 질문이 불현듯 튀어나와 머리를 아프게 할 때가 잦다. 우여곡절, 삶의 문제 하나 없는 인생이 세상에 어디에 있을까? 하지만 유독 다른 이들보다 문제가 많은 이문제.

'이럴 줄 알았으면 이름이라도 바꾸는 건데….'

하지만 더 이상 혼자 끙끙 앓지 않기로 하고 L목사에게 전화를 걸었다. 용기 내어 SOS 상담 요청을 한 것이다. 교회 앞 카페에서 만나기로 한 두 사람.

이문제 _ 안녕하세요, 목사님. 여깁니다.

L목사 _ 오! 집사님. 반갑습니다. 한주간 잘 지냈어요?

이문제 _ 네. 목사님이 달달한 커피 좋아하신다고 해서 방금 카라멜 마끼아또로 주문해뒀습니다.

L목사 _ 아~ 너무 고맙습니다. 집사님은 얼마 전에 이곳으로 이사 왔다고 하셨지요?

이문제 _ 네, 두어 달 정도 되었어요. 다닐 교회를 몇 주간 찾고 있었는데, 사촌 형의 소개로 교회에 등록하게 되었어요. 그동안 목사님의 설교를 통해 많은 은혜를 받았어요. 좋은 교회에 오게 되어 너무 감사해요. 무엇보다 목사님, 바쁘실 텐데 이렇게 만나주셔서 고맙습니다.

L목사 _ 아, 제가 더 감사하지요. 새가족 등록 하신 후에 주일에만 잠깐 인사하다가 여유를 가지고 만나게 되니 너무 좋네요. 이사를 오셨다면 직장을 옮긴 건가요?

이문제 _ 그게, 말씀드리자면 긴데요…. 사실 얼마 전에 가고 싶던 회사에 취업이 되어서 이곳으로 이사를 왔어요. 그런데 한 달 만에 회사가 갑자기 어려워져서 권고사직을 당했어요.

L목사 _ 아이고, 그런 일이 있었군요.

이문제 _ 직장 때문에 이사까지 했는데 갑자기 그만두게 되니 너무 막막하더라고요. 나름 기도하고 응답받아서 입사했던 회사가 하루아침에 무너지는 것도 이해 안 되고, 제 주변에서 이런저런 말을 쏟아내는 사람들도 원망스럽고, 무엇보다 제 자신도 한심하게 느껴지고…. 그래도 먹고는 살아야 하기에 새 직장을 구하려고 동분서주하고 있습니다.

L목사 _ 참 마음이 어려우시겠어요. 요즘 취업이 쉽지 않지요?

이문제 _ 맞아요, 목사님. 나름대로 기도도 열심히 하면서 구직 중에 있는데, 길이 잘 열리지도 않고, 마음이 많이 초초하네요. 그래서 형에게 전화번호를 급하게 물어 목사님께 상담 요청을 한 겁니다. 사실 지난 몇 개월은 제 신앙의 밑바닥을 보는 것 같았습니다. 지금 상황은…. 마치 아무것도 없는 막막한 광야를 외롭게 걷는 것처럼 느껴져요. "나를 향한 하나님의 뜻이 과연 어디에 있는 걸까?" 하루에도 수십 번씩 이렇게 물으면서 고민을 하는데….

L목사 _ 자, 눈물을 닦고 힘내세요. 집사님, 방금 '광야'라고 말씀하셨는데, 정말 적절한 표현인 것 같습니다. 집사님뿐만 아니라 수많은 믿음의 사람이 인생 가운데 메마른 광야를 경험한답니다.

이문제 _ 제가 겪고 있는 광야를 믿음의 사람이 겪는다고요?

L목사 _ 네, 맞아요. '광야'는 성경에 단골로 나오는 단어예요. 하나님이 인생을 다루고 훈련하시는 장소로 자주 등장하지요.

이문제 _ 아…. 저처럼 직장을 잃어 막막해하고 힘들어하는 사람이 성경에 있다고요?

L목사 _ 하하, 물론 성경에 그런 이야기는 없지요. 하지만 하나님께서 수많은 성경 인물을 그분이 쓰시기에 합당한 존재로 훈련하고 빚기 위해 특별한 장소로 몰아가시는 이야기가 자주 등장합니다. 외롭고 황량한 곳, 철저히 고독을 경험하며 하나님 한 분만을 붙들 수밖에 없는 곳, 성경은 그 장소를 '광야'(wilderness, desert)라고 표현하지요.

이문제 _ 네, 그렇군요. 사실 지금 제가 의지할 분은 하나님 한 분밖에 없거든요.

L목사 _ 하나님이 사용하신 대부분의 영적 리더들은 문제 집사님처럼 고독한 광야의 시간을 거쳤어요. 요셉과 모세, 다윗과 엘리야 등 수많은 믿음의 선조가 광야학교를 졸업했지요.

이문제 _ 음…. 그리고 보니 위대한 성경의 인물이 하나같이 다 어려운 고난의 시간을 지나왔던 것 같네요. 그렇다면 저도 그 광야의 시기를 지나 '졸업장' 같은 게 필요하다는 말씀이세요?

L목사 _ 맞아요. 오늘날 우리에게도 광야수업은 선택과목이 아니라 필수과목이지요. 그런데 이 광야의 여정을 걸어가는 사람들은 항상 두 가지 다른 반응을 보이게 된답니다.

이문제 _ 두 가지 반응이라고요?

L목사 _ 첫 번째는 부정적인 반응이에요. "이것이 하나님의 길이라면 그런 하나님과는 더 이상 관계를 맺지 않겠다"라고 말하는 사람이 있어요. 이런 사람들은 광야에서 겪는 힘든 시련과 어려움 가운데 주어지는 영적인 유익의 측면을 전혀 보지 못해요. 그 속에 숨겨진 하나님의 선하신 의도가 분명히 있거든요. 광야 속에서 "이 기간 가운데 숨겨진 하나님의 뜻은 무엇일까?"라고 질문하는 대신에 분별을 거부하며 불평하고 원망하는 이들이 생각보다 많아요. 심지

어 이제껏 걸어왔던 신앙생활의 발걸음을 중단해버리기까지 할 때도 있어요. 이들에게 있어서 광야는 저주의 장소이자 하나님으로부터 버림받은 자기 연민의 땅입니다.

이문제 _ 아…. 저도 이렇게 직장을 잃어 보니 '내가 하나님께로부터 버려진 존재는 아닐까?' 라고 생각이 드는 게 자꾸 제 자신이 초라하게 느껴지곤 했어요.

L목사 _ 네, 그런 마음 충분히 이해해요. 집사님, 잘 들어보세요. 두 가지 반응 중 두 번째는 긍정적인 반응이에요. "이 시간을 통해 분명히 나에게 원하시는 하나님의 뜻이 있을 거야"라고 그분의 뜻을 분별하길 애쓰는 사람이 있어요. 자신을 연단하시는 하나님께로 더 가까이 나아가고 적극적으로 광야를 받아들이는 유형이지요. 이런 사람은 혹독한 광야의 시간 가운데 주어지는 영적인 유익을 경험하게 된답니다. 그 가운데 숨겨진 주님의 뜻과 계획을 발견하게 되고요. 그래서 비록 오랜 시간이 걸릴지라도 광야의 길을 피하기보다는 적극적으로 맞닥뜨리고 믿음으로 걸어가려 노력할 때 결국 이런 사람은 기나긴 여정을 완주하게 되고, 자신과 동일한 광야의 길을 걷는 이들에게 친절한 안내자가 되어 위로의 사역을 감당할 수 있게 되지요. "찬송하리로다. 그는 우리 주 예수 그리스도의 하나님이시요 자비의 아버지시요 모든 위로의 하나님이시며 우리의 모든 환난 중에

서 우리를 위로하사 우리로 하여금 하나님께 받는 위로로써 모든 환난 중에 있는 자들을 능히 위로하게 하시는 이시로다"(고후 1:3-4).

이문제 _ 아, 잠깐만요. 오늘 아침에 아는 권사님 한 분께서 야고보서 말씀을 카톡으로 보내주었는데…. 지금 목사님이 말씀해주신 내용이랑 비슷한 것 같아요. "내 형제들아 너희가 여러 가지 시험을 당하거든 온전히 기쁘게 여기라. 이는 너희 믿음의 시련이 인내를 만들어 내는 줄 너희가 앎이라. 인내를 온전히 이루라. 이는 너희로 온전하고 구비하여 조금도 부족함이 없게 하려 함이라"(약 1:2-4).

L목사 _ 네, 맞아요. 그 말씀대로 지금 문제 형제는 광야에서 '하나님이 쓰시기에 조금도 부족함 없는' 존재로 빚어지고 있는 중이에요.

이문제 _ 그렇다면 제가 걸어가고 있는 광야의 시간을 부정적인 시각으로 보면 안 되겠네요. 오히려 이게 나에게 유익이 되는 시간이라고 생각하는 긍정의 시각이 필요하겠군요!

L목사 _ 맞아요. "여러 가지 시험을 당하거든 온전히 기쁘게 여기라"는 말씀이 그냥 주어진 게 아니거든요. 의지적으로 기쁘게 여겨야 한다는 뜻이지요. 어두운 광야의 길을 걸을 때는 부정적인 생

각이 들 가능성이 굉장히 많아지잖아요? 의도적으로 긍정적인 생각으로 내면을 채워나가면 좋겠네요.

이문제 _ 음…. 의도적인 긍정!

L목사 _ 네, 맞아요. 에디슨이 전구를 발명하기 위해 무려 천 번의 실패를 거듭했다고 해요. 그런 그에게 어느 신문기자가 물었답니다. "당신은 어떻게 천 번이나 실패하면서 중간에 포기하지 않았습니까?" 에디슨은 대답했어요. "실패라니요. 나는 절대로 실패한 적이 없습니다. 나는 단지 전구를 만들 수 없는 천 가지 방법을 발견했을 뿐입니다."

이문제 _ 하하, 에디슨의 긍정적인 대답이 사이다같이 시원하네요. 그런데 뭔가 울림이 있어요.

L목사 _ 그렇죠? 저런 긍정적인 마인드가 그를 위대한 발명가가 되게 했던 것 같아요. 인간은 누구나 근본적으로 부정적인 사고에 젖어 있거든요. 누가 특별히 가르쳐주지 않아도 인간의 본성 자체는 어둡고, 슬프고, 쉽게 낙심하고, 두려워하는 비관적인 생각으로 흐르기 쉬워요. 오랜 광야생활을 거쳤던 이스라엘 백성들이 그랬지요. 가나안 땅을 살펴본 열두 명 중에 절대 다수인 열 명의 정탐꾼이 부정적

인 반응을 했고, 여호수아와 갈렙만이 긍정적인 반응을 했잖아요.

이문제 _ 기억나요. 민수기 13장인가요? 모든 상황을 부정적으로 보고하고, 자기 스스로를 '메뚜기' 같다고 비하하는 장면이죠? "그와 함께 올라갔던 사람들은 이르되 우리는 능히 올라가서 그 백성을 치지 못하리라. 그들은 우리보다 강하니라 하고 이스라엘 자손 앞에서 그 정탐한 땅을 악평하여 이르되 우리가 두루 다니며 정탐한 땅은 그 거주민을 삼키는 땅이요 거기서 본 모든 백성은 신장이 장대한 자들이며 거기서 네피림 후손인 아낙 자손의 거인들을 보았나니 우리는 스스로 보기에도 메뚜기 같으니 그들이 보기에도 그와 같았을 것이니라"(민 13:31-33).

L목사 _ 맞습니다. 광야의 여정이 길어지다 보면 이런 부정적인 시각에 흠뻑 젖어버릴 수 있어요. 정신 바짝 차려야지요. '내가 걷는 이 광야의 길은 성경의 수많은 믿음의 사람이 걸어왔던 바로 그 길이다' 라고 긍정적으로 생각하세요. 그래서 혹독한 시련의 밤을 적극적으로 포용할 수 있도록, 그래서 지혜롭게 광야를 통과해 나갈 수 있기를 기도해야겠지요. "너희 중에 누구든지 지혜가 부족하거든 모든 사람에게 후히 주시고 꾸짖지 아니하시는 하나님께 구하라. 그리하면 주시리라"(약 1:5).

이문제 _ 아~ 감사합니다, 목사님. 어? 근데 카페 문 닫을 시간이 되었나 봐요. 주변에 아무도 없네요.

L목사 _ 벌써 시간이 이렇게 되었네요. 너무 늦었으니 우리 내일 오후에 다시 한번 만날까요?

Desert & God

광야를 극복하는
네 가지 단계

이성이 걸어갈 수 없는 곳에서 믿음은
헤엄칠 수 있다 _ 토마스 왓슨

"왜 내 인생은 광야 같을까?" 갑자기 실업자가 되어 고민이
많던 이문제 집사. L목사와의 대화를 통해 광야에 대해 새로운 인식
을 갖게 되었다. 훨씬 밝은 얼굴이 되었다. 어제와 같은 카페, 같은
자리에서 광야에 대한 이야기가 계속된다.

이문제 _ 음~ 제가 지금 겪고 있는 고난이 하나님께서 나를 훈련
하시는 광야학교라는 말씀이군요.

L목사 _ 네, 사람마다 겪는 광야의 영역이 각기 다를 뿐이지 하

나님은 반드시 성도들에게 광야의 시간을 허락하시지요.

이문제 _ 그렇다면 제가 지금 느끼는 감정들을 다른 성도들도 비슷하게 경험하겠네요?

L목사 _ 맞아요. 개인의 성향과 환경에 따라 미묘한 차이는 있을지라도 상당한 일관성이 나타납니다. 성도들이 겪는 광야 시간에 대해 연구한 셸리 트레비쉬는 그의 저서 「고립의 축복」(베다니출판사)에서 고난의 시기를 통과하는 네 가지 단계를 말합니다.

이문제 _ 네 단계요? 광야에도 게임에서처럼 '레벨'이 있다는 뜻인가요?

L목사 _ 하하, 그런 셈이지요. 트레비쉬가 말한 네 단계는 첫째, 발가벗겨지는 단계, 둘째, 하나님과의 씨름 단계, 셋째, 하나님과 친밀함의 증진 단계, 넷째, 미래를 바라보는 단계예요.

이문제 _ 아…. 큰 제목만 들어서는 잘 모르겠네요. 자세히 설명 좀 해주세요.

L목사 _ 첫째, 발가벗겨지는 단계에서는 광야의 초반부에 맛보

는 상실감을 가장 크게 느끼게 됩니다. 돈, 가족, 건강, 직장, 진로 등이 흔들리면서 나 자신의 정체성도 같이 흔들리는 경우예요. 나의 외적인 정체성(직업이나 사회적 위치, 배경이나 능력)이 무너질 때 사람은 종종 발가벗겨지는 느낌을 받게 되지요.

이문제 _ 아, 맞아요. 제가 실직하게 되었을 때 느꼈던 감정이 그랬어요. 한때는 제가 회사에서 잘나가던 '이 팀장'이었거든요. 네 명의 부하직원에게 '팀장님' 소리를 매일 듣다가 퇴사 후에 평범한 자연인 이문제가 되니까 마음이 참 어려웠어요. 게다가 예전에 다니던 교회에서는 주일학교 부장으로 열심히 섬기면서 인정받았거든요. 그런데 이곳에 와서는 그냥 예배만 참석하다 보니 요즘엔 제가 '잉여인간'처럼 느껴져요. '나는 누구인가? 여기는 또 어딘가?' 하는 생각에 상실감이 컸던 게 사실이에요.

L목사 _ 방금 잘 말씀하셨어요. 사실 한국인의 경우에는 '호칭'이 주는 '가면'이 굉장히 크게 다가옵니다. 우리나라 사람들은 이름을 말할 때 주로 직위나 직함으로 부르는 경향이 있지요. 이 집사님도 회사에서 '팀장님'으로 불렸잖아요. 교회에서도 '집사'라는 직분이 있지요. 그런데 사실 '진짜 나'는 '그냥 이문제'가 맞거든요. 저도 교회에서 사람들이 '목사님'이라고 부르지, 제 이름을 부르진 않지요. 서구 사회에서는 회사에서나 교회에서도 이름을 부르지요. 제

가 미국교회를 방문했을 때 놀랐던 건 한 주일학교 어린이가 그 교회의 할아버지 담임목사님에게 "하이, 데이비드"라고 반갑게 인사하더라고요.

이문제 _ 우리 같으면 상상도 못할 일이네요.

L목사 _ 그런 면에서 한국교회 성도들은 약간 손해를 보는 측면이 있어요.

이문제 _ 손해라고요?

L목사 _ 하나님은 항상 우리의 이름을 부르는 분이세요. 직함이나 직책이 아니라. 그래서 하나님은 광야의 시간을 통해 우리로 하여금 "나는 누구인가?"라는 질문을 진지하게 다시 하게 하신답니다. 광야를 걷고 있는 이문제 집사님에게 묻겠습니다. "당신은 누구인가요?"

이문제 _ 네? 저요? 저야…. 음…. 음….

L목사 _ 분명한 것은 집사님이 '하나님의 자녀'라는 사실이에요. 이 팀장도 아니고, 주일학교 부장도 아니고요. 하나님의 입장에서는

"나의 아들 이문제!" 이것이 가장 중요합니다. 거기서부터 다시 시작해야 해요.

이문제 _ 아…. 그렇군요. 사실 지금 어렵고 힘든 시간이 아니라면 그런 근본적인 질문을 못했을 것 같아요.

L목사 _ 맞습니다. 광야의 시간이 의미가 있는 것은 "뭣이 중한디?"라는 질문을 자신에게 진지하게 할 수 있는 기회를 제공하는 데 있어요. 그런데 기억해야 할 것은 이 단계가 시작에 불과하다는 사실이에요.

이문제 _ 네? 이제 시작이라고요?

L목사 _ 그 후에 두 번째 단계로 들어가야지요. 다음 단계는 '하나님과의 씨름 단계'입니다. 이때가 사실 가장 고통스러운 단계예요. 이 기간 동안 사람은 하나님의 임재를 좀처럼 느끼지 못하는 감정적인 공허함을 경험하게 됩니다. 그래서 '영혼의 어두운 밤'(dark night of the soul)이라고 부르는 신학자들도 있어요.

이문제 _ 영혼의 어두운 밤이라…. 정말 무서운 표현이네요.

L목사 _ 기도를 해도 답답하고, 찬송을 불러도 무덤덤하게 느껴지죠. 예배를 드려도 예전과 같은 감동을 느낄 수 없게 된답니다. 영적 침체의 기간이라고 볼 수 있어요. 이때 자칫 잘못하면 영적 감수성이 완전히 메말라버릴 수도 있어요. 이 시간을 통해 우리는 이때까지 외적인 것으로 치장되었던 자신의 참 모습이 어떠한지 처절하게 깨닫게 되고, 하나님을 갈망하게 되며, 진정한 자아정체성을 추구하게 되는 시기예요. 이때 우리는 하나님이 보여주시는 나 자신을 재발견해야 합니다.

이문제 _ 감정적인 공허함, 저도 자주 느낍니다. 요즘 많이 힘들고 어렵다 보니 성경을 읽거나 기도할 때 무미건조한 느낌을 자주 받아요.

L목사 _ 성경에서 가장 강직한 사람은 누구일까요? 저는 세례 요한이라고 생각해요.

이문제 _ 세례 요한…. 네, 목사님. 저도 그렇게 생각합니다. 예수님의 길을 예비하기 위해 그 어떤 시련과 유혹에도 흔들림 없이 자신에게 주어진 사명의 길을 꿋꿋이 걸어갔던 인물 맞지요?

L목사 _ 네, 자신의 기득권을 버리고 광야에서 선지자의 사명을

다했지요. 메뚜기와 석청을 먹으며 회개를 외쳤고, 절대 불의와 타협하지 않았던 그였죠. 결국 감옥에 갇히고 말았고요. 그의 강인한 모습은 모두를 숙연하게 만들지요. 그런데 마태복음 11장을 보면 세례 요한의 의외의 모습을 볼 수 있어요.

이문제 _ 의외의 모습이라고요?

L목사 _ 사해 동편 마캐루 토성 속의 음침한 감옥에서 세례 요한이 자신의 제자들을 보내서 예수님께 질문을 해요. "오실 그이가 당신이오니이까? 우리가 다른 이를 기다리오리이까?"(마 11:3).

이문제 _ 설마 예수님에 대한 믿음이 흔들리고 있는 건가요?

L목사 _ 맞아요. 신학자 스튜어트 웨버는 요한의 이 질문을 간단히 요약했어요. "만일 당신이 왕이고 내가 당신이 보낸 대사라면 어떻게 나는 이렇게 감옥에 갇혀 있고 당신은 왜 그 모양입니까?" 즉 자신의 오랜 고난에 대한 한탄과 예수님의 소극적인 사역에 대한 의문이 복합적으로 작용된 질문이었다는 말이지요.

이문제 _ 음…. 그 믿음 좋았던 요한도 심하게 흔들렸던 적이 있었군요.

L목사 _ 요한이나 우리나 별 다를 바 없는 것 같아요. 우리도 요한처럼 질문할 때가 있거든요. "주님, 나를 사랑하신다고 하셨잖아요. 그런데 제 인생이 왜 이렇게 꼬입니까? 우리 가정은 왜 이렇습니까? 저의 자녀들은 왜 이렇습니까? 내 사업은 왜 이렇습니까? 예수님께 제 인생의 전부를 드린 게 맞다며 확신하고 살았어요. 그런데 그 확신이 자꾸 흔들려요. 왜 나는 이렇게 감옥 같은 인생에 갇혀 있습니까? 주님이 주셨던 그 수많은 계획과 꿈은 언제 이루어지나요? 주님, 왜 가만히 계십니까? 왜 이렇게 제 인생을 무기력하게 내버려두시나요? 제가 이때까지 사명이라 생각해서 헌신하고 기도하고 바라보던 그 비전은 언제 이루어주실 겁니까? 이게 아니었던가요? 그렇다면 내가 이때까지 순종하고 믿음으로 걸어왔던 그 길은 과연 어떤 의미가 있었던 건가요?"

이문제 _ 앗! 제가 요즘 하는 신세한탄과 똑같네요.

L목사 _ 2천 년 전 요한처럼 우리 역시 감옥 같은 현실 속에서 실망하고 회의할 때가 있지요. 내 삶의 전부를 주를 위해 드렸는데 남아 있는 것은 무엇인가 회의를 느끼고, 가난과 외로움, 병들고 아픈 몸, 주변의 사람은 다 떠나고, 감옥 같은 현실만 덩그러니 남아 있을 그때 감당할 수 없는 낙심이 찾아올 수 있어요.

이문제 _ 어떻게 하면 그런 낙심을 대처할 수 있을까요?

L목사 _ 이때 우리가 잊지 말아야 할 것은 더욱 주님께 매달려야 한다는 것입니다. 그래야 다음의 세 번째 단계로 진입하게 되지요.

이문제 _ 매달리는 자에게 업그레이드의 복이 임하는 건가요?

L목사 _ 하하하, 그런 셈이지요. 이제 세 번째 단계입니다. 바로 '하나님과 친밀함의 증진 단계'예요. 이 시점에서 성도는 하나님과의 정직하고 친밀한 교제가 인생에서 가장 중요하다는 사실을 절실히 깨닫게 되지요. 하나님을 떠나서는 그 어느 것도 가치가 없다는, 어쩌면 단순하지만 너무 바쁘고 분주해서 지나쳐버린 진리에 고개를 끄덕이게 됩니다.

이문제 _ 목사님의 말씀을 듣다 보니 저는 2단계의 끝 언저리에 와 있는 것 같아요.

L목사 _ 보통 2단계에서의 고통이 너무 크기 때문에 하나님을 끝까지 사모하며 기다리지 않고 포기해버려 3단계를 경험하지 못하는 사람이 많아요. 고난과 고립의 시간 가운데 자신의 약함을 겸손히 인정하고, 내가 하나님을 얼마나 필요로 하는지 처절히 인식하면 이

전에 경험하지 못했던 그분과의 친밀함을 체험하게 되지요.

이문제 _ 목사님, 어떻게 하면 두 번째 단계에서 세 번째 단계에 점프할 수 있나요?

L목사 _ 먼저 정직하게 질문하는 것이 필요해요.

이문제 _ 정직한 질문이라….

L목사 _ 세례 요한은 자신에게 정직하게 질문했어요. 제자들을 보내 '오실 메시아'가 맞는지 물었어요. 이렇게 질문하는 것, 생각보다 쉽지 않은 결단이었을 거예요. 수많은 사람 앞에서 예수님을 향해 "보라. 세상 죄를 지고 가는 하나님의 어린양"(요 1:29)이라고 선포했던 사람이 요한이었어요. "나는 물로 세례를 주지만 이분은 불로 세례 주시는 분이다"라고 소개했었지요. 그런데 이제 와서 "당신, 정말 그분 맞나요?"라고 회의를 품고 질문하는 사람도 요한이예요. 사실 영적 지도자로서 자존심 상하는 일이지요. 내가 이때까지 믿고 가르친 것이 잘못된 것일 수도 있다는 전제를 담고 있거든요. 특히나 자신이 가르쳤던 제자들을 보내어서 질문했잖아요. "저…. 잘 모르겠어요. 당신 맞나요?"라는 뜻을 전달시키는 것인데, 스승으로서 체면이 서지 않는 모양새예요. 하지만 세례 요한은 낙심이 찾

아왔을 때 억지로 "믿어야 해, 믿어야 해"라고 자기 세뇌를 하지 않았어요. 그 결과는 맹신이거든요. "내가 그래도 명색이 선지자인데, 목사인데, 내가 장로, 집사인데, 흔들리면 못써! 그래도 잘 믿는 척이라도 해야지!"라고 외식하지 않았어요. 반대로 아예 "도저히 못 믿겠어!"라고 말하며 예수님께 등 돌리지도 않았지요. 그것은 불신이고요. 낙심이 찾아올 때 우리는 맹신에 빠져서도 안 되고, 불신에 빠져서도 안 됩니다. 정직한 질문을 거친 후 더욱 깊은 이해를 바탕으로 한 확신이 필요해요. 이 과정을 넘어설 때 견고한 믿음을 얻게 되지요. 회의와 고민과 흔들림의 시간을 지나며 우리의 믿음은 더 깊어지고 단단해지는 법이거든요. 그때 필요한 것은 자신의 흔들리는 연약한 상황을 솔직하게 인정하고, 정직하고 겸손하게 주님께 아뢰며 끝까지 매달리는 것이랍니다.

이문제 _ 아, 나의 무지를 인정하고 처음부터 다시 시작할 수도 있다는 각오로 정직하게 질문하는 겸손한 자세가 필요하다는 말씀이군요.

L목사 _ 맞습니다. 이런 정직한 물음에 예수님은 친절히 답해주시고, 요한을 격려해주셨어요. "너희가 가서 듣고 보는 것을 요한에게 알리되 맹인이 보며 못 걷는 사람이 걸으며 나병환자가 깨끗함을 받으며 못 듣는 자가 들으며 죽은 자가 살아나며 가난한 자에게 복

음이 전파된다 하라"(마 11:4-5). 주님은 이사야서에 예언된 말씀을 풀어주시며 요한에게 "네가 기다렸던 그 메시아가 바로 내가 맞다"라고 확인해주셨어요. "내가 진실로 너희에게 말하노니 여자가 낳은 자 중에 세례 요한보다 큰 이가 일어남이 없도다"(마 11:11)라고 그를 칭찬해주시기도 하셨지요.

이문제 _ 오호! 정직한 질문을 통해 요한은 자신의 비전에 대한 더 큰 확신과 따뜻한 격려를 받은 셈이네요. 목사님, 저도 이런 과정을 거쳐 세 번째 단계에 오르면 〈주님 한 분만으로 나는 만족해〉라는 찬양을 제대로 부를 수 있게 될 수 있을까요?

L목사 _ 물론이지요. 세 번째 단계부터는 피상적인 종교생활을 청산하게 된답니다.

이문제 _ 피상적인 종교생활이라 함은 무얼 뜻할까요?

L목사 _ 소위 '선데이 크리스천'들이 하는 행동 있잖아요. 교회는 잘 나오는데 하나님과의 애틋한 감정이 없는 사람이 그냥 습관처럼 해 나가는 종교적인 생활을 말하지요. 이렇게 세 번째 단계에서 하나님과의 친밀한 교제를 쌓아갔던 사람은 이제 네 번째 단계로 도약하게 된답니다.

이문제 _ 아, 이제 드디어 마지막 네 번째 단계로군요. 어서 말씀
해주세요.

L목사 _ 마지막은 '미래를 바라보는 단계'예요.

이문제 _ 미래를 바라보는 단계라….

L목사 _ 광야를 걷다보면 어디로 가야할지 몰라 답답할 때가 있
잖아요.

이문제 _ 맞아요. 앞뒤가 꽉 막힌 동굴 속에 갇혀 있다는 생각이
들지요. 제가 지금 그래요.

L목사 _ 그런데 그게 아니거든요. 광야는 동굴이 아니라 터널이
에요. 반드시 출구가 있어요.

이문제 _ 출구가 있다…?

L목사 _ 네, 출구가 있어요. 그래서 우리에겐 "나를 입구로 들어
오게 하신 하나님이 반드시 나를 출구로 인도해주실 거야"라는 믿음
이 필요하답니다.

이문제 _ 음….

L목사 _ 그래서 이 단계에서 가장 필요한 덕목이 '인내' 입니다.

이문제 _ 하나님이 출구로 나를 인도하실 때까지 기다리라는 말씀이군요.

L목사 _ 네, 맞습니다. 성령의 아홉 가지 열매 중에 하나인 '오래 참음' 이 바로 이때 필요한 덕목이지요. 그런데 하나님의 때가 오기

"우리에겐 나를 입구로 들어오게 하신 하나님이
반드시 나를 출구로 인도해주실 거야' 라는 믿음이 필요하답니다."

전에 스스로 벗어나려는 유혹에 빠지는 사람이 간혹 있어요. 이스마엘을 낳았던 아브람처럼요. "하갈이 아브람에게 이스마엘을 낳았을 때에 아브람이 팔십육 세였더라"(창 16:16).

이문제 _ 약속의 아들인 이삭을 끝까지 기다리지 못하고 이스마엘로 문제를 해결했던 아브람 말씀이군요.

L목사 _ 그래요. 아브람은 섣부른 결정 때문에 문제 해결은커녕 더 큰 어려움을 겪게 되지요. 마찬가지로 우리 역시 인내를 온전히 이루지 못할 때 혼란의 수렁으로 빠져들 수 있답니다. "인내를 온전히 이루라. 이는 너희로 온전하고 구비하여 조금도 부족함이 없게 하려 함이라"(약 1:4).

이문제 _ 그렇군요. 하나님의 약속을 기다리지 못해서 인간적인 방법으로 어떻게든 광야를 탈출해보고 싶은 마음이 생길 때 그 순간 조금 더 참고 인내하란 말씀이군요.

L목사 _ 네, 조급하게 내 힘으로 광야를 벗어나려 하지 말고 "하나님의 뜻을 기다리겠습니다"라는 고백이 필요해요. 겨울이 끝나려면 어떻게 해야 하지요? 봄이 오면 되거든요. 인간의 힘으로 겨울을 끝낼 수는 없어요. 인간은 그저 겨울 동안 참고 인내하며 기다리면

됩니다. 하나님의 때를 인간적인 힘으로, 인위적으로 앞당기려 하면 안 된답니다. 인간의 지혜로, 인간의 물리력으로, 돈으로, 편법으로 해결하려고 하면 사고가 나게 마련이에요. 믿음으로 미래를 바라보며 평안 가운데 나아간다면 주님이 적절한 시간에 광야의 끝을 보여주실 거예요. 그리고 그 끝자락에서 베일에 싸인 것 같던 하나님의 뜻을 조금씩 알아가게 될 겁니다.

이문제 _ 아멘! 힘들지만, 쉽지 않겠지만 목사님 말씀대로 저를 향한 하나님의 뜻을 인내함으로 조금 더 기다리도록 하겠습니다.

L목사 _ 기도할게요. 힘내세요!

이문제 _ 네, 목사님. 꼭 기도 부탁드릴게요. 오늘도 너무나 감사합니다.

Desert & God

광야에서 길을 묻는
그대에게

이문제 집사와 대화를 나눈 이후로 L목사는 이런저런 생각이 많아졌다. 무엇보다 광야 한가운데서 하나님의 길을 묻는 성도가 의외로 많다는 사실에 놀랐다. 메마른 광야에서 고군분투하는 양떼가 안타깝게 느껴졌다. L목사의 뇌리에 스펄전 목사가 했던 말이 불현듯 떠올랐다. "성도들이여, 이전에는 결코 알지 못했던 광야나 싸움터로 나아가라!"

광야에서 움츠리고 있는 성도들에게 용기를 북돋아주고 싶은 마음이 갑자기 생겼다. 후다닥 책상 앞에 앉았다. 곧바로 페이스북에 글을 써내려가기 시작한다.

"예수께서 성령의 충만함을 입어 요단강에서 돌아오사 광야에서 사십 일 동안 성령에게 이끌리시며 마귀에게 시험을 받으시더라. 이 모든 날에 아무 것도 잡수시지 아니하시니 날 수가 다하매 주리신지라. 마귀가 이르되 네가 만일 하나님의 아들이어든 이 돌들에게 명하여 떡이 되게 하라. 예수께서 대답하시되 기록된 바 사람이 떡으로만 살 것이 아니라 하였느니라. 마귀가 또 예수를 이끌고 올라가서 순식간에 천하 만국을 보이며 이르되 이 모든 권위와 그 영광을 내가 네게 주리라. 이것은 내게 넘겨 준 것이므로 내가 원하는 자에게 주노라. 그러므로 네가 만일 내게 절하면 다 네 것이 되리라. 예수께서 대답하여 이르시되 기록된 바 주 너의 하나님께 경배하고 다만 그를 섬기라 하였느니라. 또 이끌고 예루살렘으로 가서 성전 꼭대기에 세우고 이르되 네가 만일 하나님의 아들이어든 여기서 뛰어내리라. 기록되었으되 하나님이 너를 위하여 그 사자들을 명하사 너를 지키게 하시리라 하였고 또한 그들이 손으로 너를 받들어 네 발이 돌에 부딪치지 않게 하시리라 하였느니라. 예수께서 대답하여 이르시되 주 너의 하나님을 시험하지 말라

하였느니라. 마귀가 모든 시험을 다 한 후에 얼마 동안 떠나니라"(눅 4:1-13).

예수님이 광야로 가서 마귀에게 시험당하는 이야기는 2천 년이 지난 오늘날에도 수많은 유혹 가운데 살고 있는 우리에게 큰 용기를 줍니다. 예수님이 마귀에게 승리하셨듯이 우리도 그분의 발자취를 따라간다면 매일매일의 영적싸움에서 승리하며 살아갈 수 있을 것입니다.

예수님이 시험당하신 곳은 분명 '광야'입니다. 그곳은 궁전도 아니고, 정원이 딸린 전원주택이나 초호화 펜션이 있는 휴양지가 아닙니다. 인기척도 없고, 다만 적막감만이 천지를 채우는 곳, 시냇물조차 없는 메마른 땅, 그래서 언제나 목이 마르고, 먹을 만한 나무열매조차 없어서 항상 배고픈 곳입니다. 주위에는 사람의 왕래가 없어서 항상 외롭고, 굶주린 들짐승과 독수리 외에는 생명의 흔적을 찾을 수 없는 곳이 바로 광야입니다. 무엇보다 광야는 항상 삶의 위협이 느껴지는 곳입니다. 밤이면 음산한 늑대소리와 차가운 밤바람이, 낮에는 강렬한 태양이 목숨을 노리고 있는 곳입니다.

인간적으로 보면 광야는 처절하게 절망적인 곳입니다. 그래서 광야는 우리의 관점에는 '벗어나고 싶은 장소'입니다. 하지만 하나님의 관점에서 볼 때 이 광야보다도 더 자기 백성을 단련

시키기에 적합한 장소는 없습니다. 이곳에서는 하나님의 도우심이 없이는 살 수 없기 때문입니다. 매일매일 다음 끼니가 염려되는 곳에서 한 끼의 밥이 하나님의 손으로부터 온다는 것을 절실히 느낄 수 있는 곳, 사나운 들짐승이 나의 생명을 위협할 수 있기에 하나님을 향해 온 마음을 쏟아야만 하는 곳이 바로 광야입니다.

그래서 일까요? 광야를 지나지 않은 하나님의 일꾼은 하나도 없습니다. 다윗이 그러했고, 모세가 그러했으며, 세례 요한이 그러했습니다. 하나님은 출애굽 후 이스라엘 백성들을 이 광야 한가운데로 내모았습니다. 예수님의 40일처럼 이스라엘 백성들을 40년 동안 구름기둥과 불기둥으로 광야에서 인도하시고, 만나와 메추라기로 먹이셨습니다. 그곳에서 이스라엘 백성들은 철저하게 연단 받아 불순물이 제거된 뒤에야 가나안으로 들어갈 수 있었습니다.

하나님은 우리 또한 인생 광야의 노정을 통과하게 하십니다. 이곳에서 우리의 마음은 낮아지고 낮아집니다. "아…. 내 힘으로 되는 게 하나도 없구나!"라는 고백이 입술에서 터져 나오게 될 때 비로소 하나님은 그 인생 가운데 개입하십니다. 광야에서 정말 필요한 것은 떡이 아니라, 물질이 아니라, 재물과 권세와 쾌락이 아니라 바로 "하나님의 말씀이구나!" 하고 철저하게 인정하고 "주의 인자하심이 생명보다 나으므로 내 입술이 주를 찬양할 것이라"(시 63:3)고 고백하게 됩니다.

당신도 지금 인생의 광야를 지나고 있지는 않습니까? 낙심하거나 절망하지 마십시오. 광야학교는 하나님의 사람이 반드시 졸업해야만 하는 필수코스임을 기억하고 오히려 감사하십시오. 이 기간을 통해 더욱 하나님만 의지하는 순도 100%의 사람이 되기를 기도하십시오.

 #현실적으로_살아야_한다고?

언제나 사탄은 우리의 가장 약한 곳을 공격하곤 합니다. 예수님도 40일 동안 금식하시고 가장 배가 고프실 때 "네가 하나님의 아들이라면 이 돌들로 떡이 되게 해보라"는 사탄의 시험을 당하셨습니다. 물론 예수님은 천지의 창조주이시기에 얼마든지 돌을 떡으로 만드실 수 있었습니다. 하지만 예수님의 대답은 무엇입니까? "한 줌의 떡보다 말씀이 더 중요하다!"는 것입니다(신 8:3 참고).

사탄은 언제나 현실적인 문제를 공격합니다.

"야, 너 당장 어떻게 살려고 그래?"

당장 먹고사는 문제를 걱정하게 합니다. 배가 고프고, 경제적으로 어렵고, 취직이 안 되고, 시험에 불합격하고, 결혼과 자녀 문제로 골머리를 앓을 때 사탄은 우리 귀에 속삭입니다.

"야~ 너 교회 다녀서 얻은 게 뭐니? 말씀대로 산다고? 네가 생각해도 너무 이상적이라고 생각하지? 말씀대로 산다는 것은 너무 비현실적이야."

실제로 현실의 생활이 어려워지면 돈과 물질과 양식이 나를 살리는 것이라 착각할 수 있습니다. 물론 취업을 해야 하고, 결혼도 해야 하고, 생계가 안정되어야 합니다. 인생에는 분명 현실적인 떡이 필요합니다. 하지만 '떡으로만' 살아서는 안 됩니다.

이 세상은 떡만을 추구합니다. 현실세계에서 잘사는 것이 최고의 가치가 되고 말았습니다. 하지만 광야생활을 통해 우리는 떡이 아니라 그 떡을 주시는 분이 더 소중함을 깨닫게 됩니다. 그렇습니다. 우리에게는 떡이 아니라 하나님의 말씀이 나를 살린다는 확신이 있어야 합니다. 어렵고 힘들 때일수록 말씀을 더 의지해야 합니다.

헨리 나우웬은 "미래의 크리스천 지도자들은 어떤 사람이어야 할까? 나는 그들이 완전히 현실에 부적절하며 자신의 연약한 자아밖에는 줄 것이 없는 그런 모습으로 이 세상에서 있도록 부름 받았다고 깊이 확신한다"라고 말한 바 있습니다.

정말 이 시대에 필요한 영적 지도자는 누구입니까? 비록 현실에서 제대로 적응하지 못해서 도태되는 한이 있더라도 '말씀대로' 우직하게 살아가는 자가 아닐까요? 이 세상을 거꾸로 살아간다는 손가락질을 받더라도 현실과 타협하지 않는 사람, 지금 배가 고파서 당장 돌덩어리를 떡으로 바꾸지 않으면 안 되는 상황이라도 그 떡이 나를 살리는 것이 아니라 하나님의 말씀이 나를 살리신다고 고백하는 사람이 아닐까요?

오늘도 사탄은 "네가 가진 능력을 사용해서 떡 만드는 데 투자하라"고 속삭입니다. 하나님이 주신 능력을 하나님의 뜻을 이루는 대신 자기 욕망을 충족하는 데 쓰라고 유혹합니다. 하지만 우리는 분별해야 합니다. 내 인생은 이 세상에서 잘 먹고 잘 살기 위해서 존재하는 삶이 아니라고 말해야 합니다. 사람은 떡으로만 살아가는 존재가 아니라 하나님의 말씀으로 살아가야 함을 외쳐야 합니다.

두 번째 시험을 위해 마귀는 예수님을 이끌고 천하만국을 보여줍니다. "이 모든 권위와 그 영광을 내가 네게 주리라"(눅 4:6). 성경은 마귀를 "이 세상의 임금"(요 12:31, 14:30, 16:11)이라고 부릅니다. 이 세상의 임금은 오늘날에도 우리에게 자신과 같이 "힘과 능력을 가진 자가 되라"고 유혹합니다.

우리 모두에게는 은연중에 권력과 힘을 가진 자가 되어 대접받고 존경받고 싶어 하는 마음이 있습니다. 천하만국의 권위와 모든 영광을 받는 것이 얼마나 매력적으로 다가오는지 모릅니다.

사탄은 끊임없이 우리를 유혹하며 외칩니다.

"위에서 아래를 내려다보라!"

마귀가 예수님을 이끌고 올라가서(5절) 보여주었듯 우리를 높고 높은 곳으로 끌어올려 아래를 내려다보게끔 만듭니다. 많은 사람이 권력이라는 이 유혹에 빠져 헤어 나오지 못합니다. "좀 더 높이, 좀 더 위로, 좀 더 강하게!"라는 구호를 외치면서 말입니다.

하지만 분명히 알아야 할 것은 하나님의 방식은 위로 올라가는 것이 아니라 '위에서 아래로 내려오는 것' 이라는 점입니다. 저 하늘 보좌에서 말구유까지 내려오는 것, 그래서 결국 십자 가에서 죽는 것, 그것이 하나님의 방식입니다.

조금이라도 더 영향력 있는 권세자가 되어 다른 사람 위에 있 고 싶어 하는 사람에게 사탄은 한 가지 조건을 말합니다.

"나에게 절하라!"(7절).

현실과 타협해서라도 높아지면 그만이라고 유혹합니다. 적당 히 처신만 하면 이런 자리를 차지하고, 저런 권리를 누릴 수 있 으며, 어떤 특권을 누릴 수 있다고 속삭입니다. 마치 "이 열매 를 먹어봐. 그러면 눈이 밝아질 거야. 이것 좀 해봐. 얼마나 달 콤한데…. 이번 한 번은 하나님도 눈감아줄 거야"라고 말하며 그 옛날 하와에게 속삭였던 뱀의 유혹처럼 다가옵니다.

하지만 이에 대한 예수님의 대답은 단호하셨습니다.

"주 너의 하나님께 경배하고 다만 그를 섬기라"(8절).

따라서 우리는 삶의 목표를 세울 때 세밀한 분별력이 필요합 니다. 영향력을 가지고 조정하는 사람이 되려하지 말고, 하나 님께 영향 받는 사람이 되어야 합니다. 즉 인도하는 자가 아니 라 인도받는 자가 되어야만 합니다. 진정한 리더십은 주님께 리드(lead)를 당할 때 나오는 법입니다. 이것이 영향력 있는 리 더가 되기 전에 주님께 철저히 인도함을 받는 종이 되기를 애써야만 하는 이유입니다.

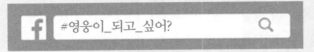

사탄의 마지막 시험은 예루살렘 성전 꼭대기(마태복음에는 거룩한 성)에서 시작되고 있습니다. 이 시험은 세상에서 일어나는 유혹이 아니라 거룩한 성, 즉 하나님의 집에서도 미혹당할 수 있다는 것을 상징합니다. 예배하는 시간, 예배의 장소, 기도하는 곳에서도 사탄의 유혹은 계속됩니다.

"네가 만일 하나님의 아들이어든 여기서 뛰어내리라!"(9절).

마귀의 제안에 예수님은 얼마든지 멋지게 뛰어내릴 수 있습니다. 떨어지는 순간, 천사들이 짠하고 나타나서 발이 돌에 부딪치지 않게 받혀주는 것(11절), 얼마나 멋있어 보입니까! 그런데 예수님은 이런 제안을 일언지하에 거절하십니다.

"주 너의 하나님을 시험하지 말라!"(12절).

하나님이 우리를 보호하심은 굳이 확인해볼 필요 없는 사실입니다. 하나님은 언제나 우리를 보호하고 지키시는 분이기 때문입니다. 우리를 보호하는데도 굳이 뛰어내리려는 것은 하나님을 시험하는 죄입니다.

마귀의 유혹이 한층 더 교묘해진 것은 '성경'을 가지고 시험했다는 사실에 있습니다(13절). 시편 91편을 염두에 두고 유혹하긴 했지만 이것은 제 멋대로 성경을 해석해서 자기 구미에 맞게 끌어당긴 것입니다. 자기의 영광을 위해 성경을 마음대로 해석해서는 안 됩니다. 사탄이 인용한 성경 말씀보다 더 중요한 말씀은 "네 하나님을 시험하지 말라"는 것입니다. 예수님의 말씀은 곧 "하나님을 이용해서 네가 영웅이 되고 성공하여 멋있는 인생을 살려고 하지 말라"는 것입니다. 물론 하나님은 그럴 만한 능력이 있습니다. 하지만 하나님의 방법대로 그분이 이끄시는 대로 살아가야 하는 것이 먼저입니다. 그분이 예비하신 길이 내가 원하는 방식이 아니라 할지라도, 설혹 그렇게 멋진 방법이 아니라 할지라도, 내가 계획한 인생 시나리오와 좀 다를지라도 하나님의 계획대로 묵묵히 걸어가야 하는 것이 옳습니다.

당신은 "내 발이 돌에 부딪히지 않고 다치지 않아서 하나님이 나를 특별히 사랑하시는구나!" 하고 충동적으로 하나님의 사랑을 확인하는 사람입니까? 아니면 말씀 속에서 신실하신 하나님의 사랑을 언제나 확인하는 사람입니까?

분별력을 기르기 위한
영적 영양소

분별력이란 무엇인가?

　　L목사는 "하나님의 뜻을 알고 싶다"고 상담을 요청하는 성
도가 의외로 많다는 사실에 사뭇 놀랐다. 그래서 아예 '분별력' 이라
는 제목의 칼럼을 페이스북에 올려야겠다고 생각했다. 페친들의 댓
글을 통해 피드백과 질문도 받아보고, 좀 더 심도 있는 상담이 필요
한 성도는 직접 만나서 조언을 해주기로 했다.

그렇다면 분별력이란 무엇인가?

　　우리가 살아가는 이 시대는 어느 때보다 올바른 분별력이 필요
한 시기이다. 수많은 세속적인 가치관이 무차별적으로 우리를 공격

하는 때이다. 그래서 예리한 영적 분별력이 더 절실하게 요구된다. 사실 많은 그리스도인은 자신만의 의사결정 방법을 가지고 있다. 마치 조건반사와 비슷하다. A의 상황에서는 a로, B의 상황에서는 b로 자연스럽게 반응하곤 한다. 하지만 과연 그 모든 반응과 결정이 올바른 것일까? 오히려 이 시대의 조류에 휩쓸려 잘못된 선택을 하지는 않는지, 군중심리에 휩싸여 아무 생각 없이 흘러가지는 않는지 스스로를 돌아보며 철저히 점검해야 할 것이다.

> "너희는 이 세대를 본받지 말고 오직 마음을 새롭게 함으로 변화를 받아 하나님의 선하시고 기뻐하시고 온전하신 뜻이 무엇인지 분별하도록 하라"(롬 12:2).

사도 바울은 로마교회 성도들에게 당시 유행하던 풍습과 그 시대 사람들의 일반적인 생활양식을 따르지 말라고 경고했다. 왜냐하면 주위 사람들의 보편적인 행동 방식과 사유 방법이 하나님의 뜻과 충돌을 일으킬 때가 잦았기 때문이다. 그래서 '분별력'이 필요하다고 말한다. 바른 분별력을 위해 "오직 마음을 새롭게 함으로 변화를 받아야" 한다. 하루하루 심령이 새롭게 갱신되어야 한다는 뜻이다. 그리고 그리스도 안에서 시작된 이런 마음의 갱신은 인생의 전 과정에서 계속되어야 한다.

'분별하다'는 헬라어로 '도키마조'라고 하는데, 사전적인 의미는 "어떤 것에 대해 조사와 시험을 해보거나 실제로 사용하고 시험 해 봄으로써 그것이 진짜인지 아닌지 알려고 노력하는 것"이다. 하나님의 뜻은 그리 쉽게 알 수 있는 것이 아니라는 뉘앙스를 풍긴다. 그렇다. 급변하고 항시 유동적이며 타락의 나락으로 급속히 돌진하는 이 세대의 가치와 영원불변하고 거룩하신 하나님의 뜻 사이를 구별해내는 것은 생각보다 쉬운 일이 아니다. 그래서 자신이 선택한 일을 함부로 '하나님의 뜻' 이라고 말하는 것은 아주 위험한 일이다. 오히려 나의 선택과 결정이 혹시 하나님의 뜻과 반대되는 것은 아닐까 하고 의심하며, 시험하고, 실험해보는 '도키마조' 의 자세가 필요하다. 그렇게 하지 않으면 나 자신의 욕심과 하나님의 뜻을 쉽게 혼동하게 되거나 사탄이 쳐 놓은 함정에 자신도 모르게 빠지기 때문이다.

첫째, 분별은 구분이다.

'분별' (Discernment)이라는 단어의 라틴어 어원은 '구별' 한다는 뜻을 지니고 있다. 기독교 영성 전통에서 바른 분별력은 하나님의 부르심을 표현하는 것과 그것에 반하는 것 사이를 구별하는 것에서 먼저 시작한다. 즉 참된 분별력을 갖기 위해서는 무엇이 하나님이 원하시는 것이며, 무엇이 그분이 싫어하시는 것인지를 성경을 통해 구분해내는 작업이 선행되어야 한다. 그래서 하나님의 말씀을 꾸준히 읽고, 묵상하며, 공부하는 것은 분별력을 원하는 사람이라면 가장 먼저 시행해야 할 영적 훈련이다.

둘째, 분별은 습관이다.

매사에 바른 선택을 할 수 있는 좋은 분별력은 하나님이 주신 귀한 선물이다. 이것은 하나님이 주시는 은혜이기도 하지만 그분의 계획 속에서 우리의 행위를 수반하는 상호작용이기도 하다. 우리는 하나님이 원하시는 것을 취하고, 그분이 싫어하시는 것을 멀리하는 게 우리 삶의 습관이 될 때까지 일관성 있게 훈련해야 한다. 습관이 인격을 만들고, 결국 인생을 바꾼다고 하지 않던가! 거룩한 분별의 습관이 삶의 체계가 되고 일상의 영성이 될 때 하나님이 주신 선물인 영적 분별력은 더욱 견고해진다.

셋째, 분별은 갈망이다.

우리 주 예수 그리스도는 믿음의 주요, 선구자와 개척자시다(히 12:2). 우리는 항상 예수님을 삶의 모범으로 삼아야 한다. 성경에 기록된 그분의 삶은 언제나 우리가 살아갈 기준을 제공한다. 선택의 기로에 서 있을 때 믿음의 주요 온전하게 하시는 이신 예수 그리스도를 묵상해야 하는 이유가 여기에 있다. "예수님이라면 어떻게 선택하셨을까?" 항상 이 질문을 마음에 담고 고민하며 갈망한다면 성령께서 올바른 분별의 길을 생각나게 하실 것이다. "보혜사 곧 아버지께서 내 이름으로 보내실 성령 그가 너희에게 모든 것을 가르치고 내가 너희에게 말한 모든 것을 생각나게 하리라"(요 14:26).

넷째, 분별은 능력이다.

어떠한 내부와 외부의 억압에도 불구하고 우리는 하나님의 뜻을 선택해야 한다. 타협과 유혹에 굴복하지 않고, 하나님의 목적에 가장 가까운 방식으로 항상 사고하고 행동하는 역량을 키워야 한다. 분별은 머리에서만 끝나는 것이 아니라 행동으로 이어져야 한다. 그런 의미에서 참된 분별력이란 죽음이 아니라 생명을, 거짓이 아니라 진실을, 파괴가 아니라 창조 목적을 찾아가고자 하는 생활 속에서의 실천 능력이다.

다섯째, 분별은 감각이다.

사사기 마지막 부분에는 그 시대를 특징하는 표현이 네 번이나 반복된다. "사람마다 자기 소견에 옳은 대로 행하였더라." 많은 사람이 오늘날 한국교회가 사사기말 시대와 같다고 이야기한다. 그렇다. 모든 것의 중심이 바로 '나'인 시대, '나' 중심으로 세상이 돌아가는 시대가 되었다. 그래서 사람마다 자기 소견에 옳은 대로 말하고 행동한다. 그것이 하나님의 뜻인지 아닌지는 상관없다. 이 모습이 바로 사사시대의 특징이자 오늘날의 특징이다.

그 시대와 지금 시대의 공통점은 물질주의 기복신앙, 혼합주의 신앙, 편의주의적 신앙으로 점철되어 있다는 것이다. 많은 사람이 하나님의 뜻을 찾기보다는 내 뜻을 구한다. 더 심각한 문제는 자신의 뜻을 하나님의 뜻이라고 착각하며 살아간다는 것이다. 사사시대는 일반인뿐만 아니라 영적지도자까지도 분별력이 흐려진 시대였다. 그래서 무엇이 하나님의 뜻인지 인간의 뜻인지를 구별하지 못했던 시대였다. 그런데 그 암흑의 시대에도 하나님의 뜻을 추구하며 빛나는 삶을 살아냈던 한 사람이 있었다. 바로 한나였다.

한나가 등장하는 사무엘상 1장에는 특이한 표현 하나가 나온다.

"오직 한나는 올라가지 아니하고 그의 남편에게 이르되 아이를 젖 떼거든 내가 그를 데리고 가서 여호와 앞에 뵙게 하고 거기에 영원히 있게 하리이다 하니 그의 남편 엘가나가 그에게 이르되 그대의 소견에 좋은 대로 하여 그를 젖 떼기까지 기다리라. 오직 여호와께서 그의 말씀대로 이루시기를 원하노라 하니라. 이에 그 여자가 그의 아들을 양육하며 그가 젖 떼기까지 기다리다가"(삼상 1:22-23).

한나는 사무엘을 낳은 후 젖을 뗄 때까지 양육한 후에 하나님께 드리겠다고 남편에게 이야기한다. 사무엘상 1장 23절에는 남편 엘가나가 한나의 제안에 그대의 소견에 좋은 대로 행하라고 말한다. "~의 소견에 옳은 대로 행하다"라는 표현은 사사기 에필로그의 중심 어구와 그 표현법이 같다.

사사기에서 이 표현은 왕이신 하나님의 말씀대로 살지 않고 자신의 생각대로, 세속적인 방식대로 살아가는 사람들의 행동을 비판하기 위해서 사용되었다. 하지만 이 구절에서는 한나의 올바른 판단을 지지하고 존중하는 의미로 사용되었다. 한나는 사사시대 가운데 가장 혼란스러운 때를 살고 있었지만 올바른 지혜와 영성을 지니고 있었다. 자신의 욕망과 사리사욕을 채우기 위해 하나님의 뜻을 아전인수 격으로 해석하여 행동했던 그 시대 대부분의 사람들과는 달리, 그녀는 하나님의 뜻에 순종하기 위해 지혜롭게 판단하고 처신했다. 양쪽 다 '소견에 옳은 대로' 행했지만 성경의 평가는 극명하게 갈린다. 전자는 왕이신 하나님을 무시한 행동의 발로요, 후자는 왕이신 하나님께 순종하고자 했던 노력의 산물이다.

하나님은 우리에게 세부적인 부분까지 이렇게 하라, 저렇게 하라고 지시하지 않으실 때가 자주 있다. 아니, 거의 대부분 삶의 영역에서 우리 스스로 판단하고 결정해야 할 때가 훨씬 많다. 그때 우리는 어떻게 하나님의 뜻을 분별해야 할까? 많은 사람이 어떤 중요한 결정을 앞두고 하나님께 '작정기도' 혹은 '특별기도'를 한다. 그리고 확실한 응답이 하늘에서 떨어질 것이라는 기대를 한다. 하나님이 기이한 방법으로 음성을 들려주시거나 사인을 보여주시리라 고대한다. 하지만 하나님은 대체로 그런 방식을 선호하지 않으신다(물론 하실 때도 있다. 아주 가끔). 오히려 하나님은 우리에게 '분별력'을 가지고 하나님의 뜻을 지혜롭게 선택하라고 도전하신다.

그리스도인에게 '분별력'은 굉장히 중요한 주제이다. 분별력은 삶의 지혜이자 하나님이 주신 지각을 사용하는 능력이다. 그런 의미에서 한나는 놀라운 영적 분별력을 지닌 사람이었다. 그녀는 스스로 분별했다. 자신의 지각을 지혜롭게 사용할 줄 알았다. 그래서 자신의 '소견대로' 결정했다. 그런데 그 결정을 통해 하나님의 뜻이 놀랍게 성취되었다.

그렇다면 분별력은 어떻게 주어지는가? 하나님은 평소에 그분의 말씀 안에 꾸준히 거하려 노력하고, 그 뜻 안에서 순종하며 살아가려 노력하는 자에게 '분별력'을 허락하신다. 분별력은 매일의 삶 가운데 하나님을 사랑하고, 기도와 말씀으로 그분께 더 가까이 나아가고자 애쓰는 자에게 주어지는 선물이다. 자신도 모르는 사이에 조금씩, 그리고 자연스럽게 생기게 된다. 하루아침에 이루어지는 것이 아니다. 한나의 분별력도 어느 한순간에 갑자기 생긴 것이 아니다. 그녀는 기도하는 여인이었다(삼상 1:12). 예배하는 사람이었다(삼상 1:7). 하나님과 심정을 통한 자였다(삼상 1:15). 하루하루를 하나님 안에서 살아가고자 애쓰던 사람이었기에 자신도 모르는 사이에 지혜로운 분별력이 생긴 것이다.

한나처럼 우리도 '소견대로 행한 것'이 하나님의 뜻을 이루는 도구가 된다면 얼마나 좋을까? 우리의 결정과 선택이 매 순간 하나님의 기쁨이 된다면 얼마나 좋을까? 하나님 안에 꾸준히 거하려 노력하고, 그분의 말씀 안에 살아가야 할 이유가 바로 여기에 있다. 매일의 말씀 묵상을 소홀히 여기지 않고, 하루의 기도를 우습게 생각하지 않으며, 늘 그분 앞에 머물기 위해 애쓰는 삶을 살아갈 때, 조금씩 그 나라와 그의 의를 먼저 구하는 인생길을 걸어갈 때 분별력의 관성이 생기게 될 것이다(마 6:33).

지금 이 순간 무엇이 하나님의 뜻인지 몰라서 혼란스러울지라도, 답답할지라도 더욱 말씀과 기도로 하나님 앞에 거하며 그분을 더 사랑하기 위해 몸부림치는 삶을 살아가자. 먼 미래의 자리에서 과거를 돌아봤을 때 "그 순간 하나님의 뜻을 선택했노라"고 말하며 감사하게 되는 인생이길 기대해본다.

잊지 말자. 분별력은 하루아침에 주어지는 초능력이 아니다. 오랫동안 경건의 훈련을 통해 쌓이는 영적 근육이요, 감각이라는 사실을.

혼돈 속에서의 중심추

청년부의 막내이자 대학 새내기 박균형. 요즘 대학생들처럼 유튜브와 페이스북의 파도 속에서 시간을 자주 보내곤 한다. 박균형은 유명한 페북 논객들의 글과 유튜버들의 주장을 접하는 요 며칠 동안 한두 가지 이슈에 대해 좌우로 극명하게 나눠진 의견 때문에 골치가 아프다. 특히 그가 좋아하던 페북 스타 두 사람의 의견이 완전히 갈렸던 것이다. 과연 어떤 주장에 '좋아요' 버튼을 눌러야 할지 고민에 고민을 거듭하던 균형에게 L목사가 찾아와 말을 건다.

박균형 _ 목사님~ 머리가 너무 아파요.

L목사 _ 왜 그래요? 애꿎은 머리를 왜 쥐어짜고 있나요?

박균형 _ 페이스북의 글을 보다가 너무 혼란스러워서 편두통
이….

L목사 _ 제 글이 좀 어려웠나요? 뭐가 그리 혼란스러운가요?

박균형 _ 아, 목사님의 칼럼 말고요. 목사님의 '분별력'에 대한
칼럼은 몇 번을 읽으며 고개를 끄덕이게 되더라고요. 그런데 제가
팔로우하는 페친들의 글을 읽으면서 좀 헷갈리는 부분이 있었어요.
예를 들어 어떤 분이 쓴 글을 읽으니 꽤 그럴 듯해 보이는데, 그 글
에 대한 반론을 읽어보니 또 그 말도 맞는 것 같고요. 또 다른 댓글
을 보니 처음 동의했던 그 글이 형편없는 내용이었더라고요. 그런데
또 다른 댓글의 비판이 비판의 꼬리를 물고 늘어지는데…. 그걸 읽
고 있노라니 머리가 아파 오네요. 도무지 뭐가 하나님의 뜻인지, 무
엇이 옳은 것인지 모르겠어요.

L목사 _ 하하, 굳이 누군가의 의견을 흑백논리로 재단할 필요는
없겠지요?

박균형 _ 네? 그게 무슨 말씀인가요?

L목사 _ 사람은 완벽하지 않기에 어느 누구나 자신도 모르는 사이 한쪽으로 치우쳐 있을 때가 있어요. 균형을 잃고 이쪽과 저쪽을 오가며 흔들릴 수 있다는 말이지요.

박균형 _ 음…. 제가 균형을 잃었다는 말씀이신가요?

L목사 _ 하하, 그런 눈으로 쳐다보지 말아요. 그런 뜻이 아니라…. 왼쪽과 오른쪽을 왔다 갔다 하는 게 꼭 부정적인 것만은 아니란 뜻이에요.

박균형 _ 이리저리 추풍낙엽처럼 흔들리는 게 좋다고요?

L목사 _ 그렇게 흔들리다 보면 언젠가 균형을 찾게 되겠지요. 사실 그런 과정을 통해 '하나님의 뜻'을 알아가는 법을 배울 수 있거든요.

박균형 _ 네? 이런 '헷갈림' 속에서 목사님이 말씀하신 '분별력'을 얻을 수 있다고요?

L목사 _ 좌우가 너무 극단적으로 대립하는 양상이 있긴 하지만 양쪽의 이야기를 통해 얻는 게 분명히 있어요. 어느 한 쪽의 주장이

완벽할 수 없기 때문에 서로의 주장을 통해 상호보완해 간다면 균형을 이룰 수 있지요. 그래서 '분별력'에서 가장 필요한 것이 바로 '균형'입니다. 균형을 잃은 사람은 언제나 자신이 처한 입장만을 옳다고 주장할 뿐 아니라 상대편이 말하는 모든 의견을 묵살하게 된답니다.

박균형 _ 아, 그렇군요. 균형을 잃을 때 나와 다른 색깔을 가진 사람들을 너무 쉽게 비판하고 정죄하게 된다는 말씀이지요?

L목사 _ 맞아요. 우리의 영성생활에도 균형이 필요하답니다. 그래서 우리는 항상 자신을 겸허히 돌아보아 균형 감각을 유지하도록 노력해야 하지요. 그래서 성경은 "좌로나 우로나 치우치지 말고 네 발을 악에서 떠나게 하라"(잠 4:27)고 말씀합니다.

박균형 _ 좌로나 우로나 치우치지 말라. 자주 들었던 말씀이에요.

L목사 _ 팔레스타인 지역에서 양떼가 목자의 인도를 따라 바른 길로 가지 않고 벗어나게 되면 낭패를 당하게 됩니다. 양은 시력이 매우 좋지 않아서 목자의 인도를 잘 따라가야만 하지요. 그렇지 않으면 쉽게 엉뚱한 길로 빠져나가 길을 잃을 수 있습니다. 한 마리가 잘못된 길로 가면 그 뒤를 따르는 양떼 모두가 위험한 상황에 처할

수 있답니다. 그래서 좌로나 우로나 치우지지 않고 바른길을 가야한 다는 말 속에는 매우 중요한 영적 교훈이 담겨 있어요. 목자의 지팡 이를 따르지 않는 양이 사나운 들짐승의 먹잇감이 될 수밖에 없는 것처럼 주님이 원하시는 길을 따르지 않는 성도는 사탄의 표적이 되 기 쉽습니다.

"우리의 영성생활에도 균형이 필요하답니다.
그래서 우리는 항상 자신을 겸허히 돌아보아
균형 감각을 유지하도록 노력해야 하지요."

박균형 _ 균형을 잃어버린다는 것은 나 혼자만의 문제가 아니라 공동체 전체에도 큰 해악을 끼치는 재앙이 되겠군요. 아, 무서워요….

L목사 _ 맞아요. 그래서 하나님은 이스라엘 공동체의 지도자였던 여호수아에게 이렇게 명령하셨지요. "오직 강하고 극히 담대하여 나의 종 모세가 네게 명령한 그 율법을 다 지켜 행하고 우로나 좌로나 치우치지 말라. 그리하면 어디로 가든지 형통하리니"(수 1:7).

박균형 _ 그렇다면 어떻게 하면 좌로나 우로나 치우치지 않을 수 있을까요?

L목사 _ 그렇게 질문할 줄 알았어요. 그다음 구절인 8절에 이런 말씀이 있지요. "이 율법책을 네 입에서 떠나지 말게 하며 주야로 그것을 묵상하여 그 안에 기록된 대로 다 지켜 행하라. 그리하면 네 길이 평탄하게 될 것이며 네가 형통하리라"(수 1:8).

박균형 _ 율법책…. 성경을 입에서 떠나지 말게 하라고요?

L목사 _ 맞아요. 영적 균형 감각의 기준인 '하나님의 말씀'을 읽고, 묵상하며, 순종하는 삶을 살아갈 때 균형이 생긴다는 뜻이에요.

그때 비로소 균형 감각이 길러져서 우리의 울퉁불퉁한 앞길도 평탄하게 갈 수 있게 되고, 형통한 삶을 살 수가 있답니다.

박균형 _ 음⋯. 마치 곡예사가 긴 장대를 기준으로 외줄을 타듯 말씀의 장대로 균형을 잡고 가는 것이군요.

L목사 _ 와! 정말 멋진 표현이에요~ 외줄타기와 같은 험한 인생 가운데 영적 균형 감각을 유지하는 방법은 하나예요. 삶의 존재 양식과 모든 판단의 기준을 하나님의 말씀으로 삼는 것이지요.

박균형 _ 아⋯. 그렇다면 제가 페북의 글을 보고 혼란을 느낀 이유는 말씀의 선명한 기준이 부족하기 때문이었군요.

L목사 _ 하하하, 너무 걱정하지 마세요. 균형 감각은 하루아침에 길러지는 것은 아니니까요. 시오노 나나미의 「로마인 이야기」에 이런 말이 나오지요. "균형 감각이란 양극단의 정확한 중간지점에 가만히 서 있는 게 아니다. 진정한 균형 감각은 양극단을 오가면서 끊임없이 최적점을 탐색해 나가는 과정이다."

박균형 _ 처음부터 균형 감각이 생기지는 않는다? 균형 감각은 좌충우돌, 흔들려가면서 배워나가는 것이다?

L목사 _ 그런 셈이지요. 제가 얼마 전에 크리스천 청년들이 평생을 씨름하고 고민해야 하는 균형의 영역들을 따로 정리한 게 있는데…. 제 스마트폰 메모장에 있습니다. 아, 여기 있네요. 지금 카톡으로 보낼게요. 한 번 읽어보세요.

믿는 것과 아는 것 / 신앙과 지식 / 영성과 지성 / 복음전도와 사회참여 / 논리와 열정 / 제사장과 선지자 / 문화명령과 전도명령 / 개인윤리와 사회윤리 / 영혼과 육체(물질) / 순결과 연합 / 공의와 사랑 / 진리와 은혜 / 구심력과 원심력 / 지체와 몸 / 말씀과 기도 / 모이는 교회와 흩어지는 교회 / 분리와 침투 / 수직관계와 수평관계 / 방법과 결과 / 변하지 않는 것과 변하는 것 / 복음과 상황 / 통일성과 다양성 / 이론과 실천 / 영성과 지성 / 학문과 신앙 / 신앙과 이성 / 예배와 봉사 / 쉼과 행함 / 들음과 말함 / 성령의 은사와 성령의 열매(인격) / 귀납적 방법과 연역적 방법 / 일대일과 소그룹 / 소그룹 모임과 큰 모임예배 / 개인과 전체 / 일 중심과 사람 중심 / 체계적 스타일과 비체계적 스타일 / 보수와 진보 / 믿음과 자유 / 우파와 좌파 / 질과 양 / 사랑과 진리 / 크게와 작게 / 직업과 선교 / 질적 부흥과 양적 부흥 / 성장과 성숙 / 구제과 개혁 / 내면세계와 외적 세계 / 내적치유와 외적 변화 / 본질과 형식 / 주관적 체험과 사실적 진리 / 교리와 체험 / 하나님의 주권과 인간의 책임 / 비판과 격려 / 허무는 것과 세우는 것 / 부정과 긍정 / 재미와 진지성 / Heart & Head / Head & Hands/ Text & Context

박균형 _ 와우! 제가 배우고 길러야 할 균형 감각의 영역이 이렇게나 많군요.

L목사 _ 저도 균형이 필요하다고 외치긴 하지만 늘 진자운동처럼 이리 갔다 저리 갔다 하는 것 같아요. 하지만 겸손히 하나님의 은혜를 구하며 균형을 갖출 수 있도록 노력하고 애써야겠지요. 이때 우리에게 반드시 필요한 것은 '성경+공부+열린 사고' 라고 생각해요.

박균형 _ 성경, 공부, 열린 사고…. 넵. 기억하겠습니다. 목사님!

영적 영양소 2 : 자기 사랑

하나님을 위한 선택

어느새 가을바람으로 선선해진 저녁, 교회 근처 주민센터 앞 카페. 달달한 커피를 좋아하는 L목사는 바닐라라테를 시켜놓고 최진지 집사를 만나기 위해 기다리고 있다. 광고회사에 다니는 최진지 집사는 매사에 진지하고 신중하다.

최진지 _ 안녕하세요, 목사님~!

L목사 _ 오, 어서 오세요. 최 집사님!

최진지 _ 퇴근하려는데 김 부장님이 갑자기 보고서를 제출하라는 불호령이 떨어져서 많이 늦었어요. 죄송합니다.

L목사 _ 괜찮아요. 어느 회사나 김 부장님은 다 그러더군요. 대한민국의 모든 김 부장님을 위해 다 함께 중보기도해야 할 것 같아요. 주여~

최진지 _ 네, 기도하겠습니다.

L목사 _ 아…. 그럴 필요 없어요. 최 집사님이 너무 진지한 표정이라 농담 한 번 해봤어요. 아무튼 기다리면서 읽고 싶던 책도 보고 오랜만에 여유를 가질 수 있어서 감사하네요.

최진지 _ 그렇게 말씀해주시니 제가 더 감사합니다.

L목사 _ 요즘 신앙적인 고민이나 질문이 많다고 하셨지요?

최진지 _ 네, 목사님. 하나님의 뜻에 관한 목사님의 '분별력' 칼럼을 읽으면서 생긴 궁금증이 너무 많아요. 그래서 목사님께 상담 요청을 한 겁니다.

L목사 _ 오, 그렇군요. 얼마든지 질문해보세요.

최진지 _ 아, 네. 제가 지난 번 진지하게 큐티를 하는데 누가복음 14장에서 "자기 목숨까지 미워하지 아니하면 능히 내 제자가 되지 못하고 누구든지 자기 십자가를 지고 나를 따르지 않는 자도 능히 내 제자가 되지 못하리라"는 구절을 봤어요. 엄청 도전을 받았지요. "맞아! 항상 죄 가운데 살아가는 나를 철저하게 미워하고, 십자가를 지며 주님을 따라가야지!"라고 결단했어요. 그런데 지난 달 주일예배 때 목사님이 "여러분은 하나님의 자녀입니다. 내가 하나님 앞에서 얼마나 존귀하고 소중한 존재인지 알아야 합니다. 자신을 사랑할 수 있어야 합니다"라고 설교하셨잖아요. 그때도 엄청 은혜를 받았거든요. 근데 집에 가서 가만히 생각해보니 고민이 되더라고요. 뭔가…. 이 두 가지 명제가 서로 대립되는 것처럼 느껴졌어요.

L목사 _ 아, 제가 누가복음 말씀과 반대되는 설교를 했으니 이단이다~ 그 말씀인가요?

최진지 _ 헉! 그건 아니고요….

L목사 _ 하하하, 농담입니다. 최 집사님 앞에서는 농담을 못하겠네요. 흠흠…. '자신을 미워하는 것'과 '자신을 사랑하는 것'이 어떻

게 양립할 수 있냐는 거지요?

최진지 _ 맞아요. 제가 하나님의 뜻을 묻고 구할 때 혼란스러워요. 어떨 때는 이기적인 욕망으로 점철된 나 자신을 바라보면 제 자신을 미워해야 할 것 같고, 어떨 때는 이런 나를 위해 예수님이 사랑하신다면 나도 나 자신을 아끼고 사랑하며 잘 돌봐야 할 것 같고. 그래서 하나님의 뜻을 묻고 무언가 결정하려 할 때 '이것이 나를 위한 이기적인 동기에서 비롯된 것은 아닐까' 라는 생각을 자꾸 하게 됩니다.

L목사 _ 네, 이해합니다. '나 자신을 사랑하는 것은 성경적일까?' '과연 나 자신을 가꾸고 돌보는 행위가 정당한 것일까?' 소위 진지하게 신앙생활을 열심히 하는 사람 중 많은 이가 이 질문에 대한 해답을 찾기 위해 전전긍긍하지요.

최진지 _ 아…. 그렇군요. 저만 하는 고민이 아니었네요.

L목사 _ 맞아요. 분명한 것은 성경이 철저한 '자기 부인'에 대해서도 이야기하지만 건강한 '자기 돌봄'도 이야기한다는 사실이에요. 양극단만을 강조하는 것은 위험해요.

최진지 _ 한쪽으로 치우치면 안 된다는 뜻이군요.

L목사 _ 네, 맞아요. 메시아 콤플렉스라고 들어보셨나요?

최진지 _ 메시아 콤플렉스요?

L목사 _ 네, 만신창이가 될 정도로 자신을 전혀 돌보지 않고 세상을 구하려고 애쓰는 사람들을 일컫는 말이지요.

최진지 _ 하나님의 뜻이 무엇인지 기도하면서도 그런 콤플렉스에 빠질 수 있다는 말씀이신가요?

L목사 _ 맞아요. 자기 부인은 이기주의에 맞서기 위한 소중한 영적 훈련의 영역이에요. 그런데 이기주의에 대한 지나친 경계심 때문에 정당한 자기 돌봄에 대한 중요성을 상실하게 되는 경우도 있지요. 그래서 영적 메시아 콤플렉스에 빠지게 되고, 그런 사람은 자신을 돌보는 것을 죄악으로 여기게 된답니다.

최진지 _ 아, 그렇군요. 그럼 그 반대의 경우도 있겠네요. 자신을 돌보고 사랑하는 것을 지나치게 강조하게 되면….

L목사 _ 맞아요. 그렇게 되면 개인주의와 이기주의의 함정에 빠지게 되지요. 자기 부인의 영역이 비정상적으로 축소되고요.

최진지 _ 그렇다면 제가 어떻게 그 균형을 맞출 수 있을까요?

L목사 _ 음…. 종교개혁자 칼빈을 아시나요?

최진지 _ 네, 알지요. 장로교의 창시자가 아닌가요?

L목사 _ 네, 그렇지요. 칼빈이 가장 존경하고 사랑했던 중세 신학자 중에 클레르보의 베르나르라는 분이 계세요. 〈구주를 생각만 해도〉라는 찬송시를 지으신 분이기도 하지요.

최진지 _ 아, 찬송가 85장이요! 제가 제일 좋아하는 찬송이에요.

L목사 _ 하하하. 그렇군요. 그분이 이런 말씀을 하셨어요. "건강한 자기 사랑이야말로 신앙의 최고 목표여야 한다"고요.

최진지 _ 자기 사랑이 최고 목표여야 한다고요? 자기 부인이 아니라고요?

L목사 _ 그분은 영적 성장을 4단계로 나누었는데, 신앙의 가장 낮은 단계가 '자신을 위해 자신을 사랑' 하는 것이라고 말합니다. 이것은 분명 우리가 경계해야 할 이기주의적인 모습이겠지요. 하지만 그다음 두 번째 단계에서 베르나르는 '자신을 위해 하나님을 사랑' 하게 된다고 말합니다.

최진지 _ 아, 그렇군요. 그럼 세 번째 단계는요?

L목사 _ 세 번째 단계에서 성도는 '하나님을 위해 하나님을 사랑' 하는 좀 더 높은 수준으로 자라가야 한다고 말합니다. 그리고 네 번째, 즉 가장 높은 신앙의 경지로 '하나님을 위해 자신을 사랑' 하는 삶을 강조합니다.

최진지 _ 아…. 가장 최고의 단계가 바로 '하나님을 위해 나 자신을 사랑하는 것' 이군요!

L목사 _ 맞아요. 가장 낮은 첫 번째 단계와 네 번째 단계가 비슷한 것 같지만 전혀 다르지요? 둘 다 '자신을 사랑하는 것' 이지만 그 동기가 전혀 달라요.

최진지 _ 곰곰이 생각해보니 정말 동의가 되네요. 저는 군대에서 처음 교회를 갔었거든요. 그때는 정말 '나를 위해 나를 사랑'하는 초보적인 단계였던 것 같아요. 초코파이 하나 더 먹으려고 갔으니까요. 그리고 제대 후에 교회생활을 몇 년 하면서 '나를 위해 하나님을 사랑'하는 단계로 조금 자라났던 것 같고요. 그런데 작년에 리더로 섬기고 단기선교를 다녀오면서 내 인생이 세 번째 단계인 '하나님을 위해 하나님을 사랑'하는 삶이어야 한다는 생각이 강하게 들었어요.

L목사 _ 네, 그렇다면 주님 안에서 계속 성장하고 있는 좋은 신호라 할 수 있겠네요. 앞으로 '하나님을 위해 나 자신을 진정으로 사랑하는 단계'까지 자랄 수 있기를 기대합니다.

최진지 _ 감사합니다, 목사님.

L목사 _ 제가 좋아하는 청교도 목사님 중에 리처드 십스라는 분이 계세요. 그분이 이런 멋진 말을 남기셨지요. "그리스도인은 자신을 위해 하나님을 사랑하는 것으로 시작하지만 하나님을 위해 자신을 사랑하는 것으로 끝을 맺는다. 결국 그의 끝과 하나님의 끝은 하나가 된다."

최진지 _ 그렇군요! 제 자신을 위한 건강한 선택도 하나님이 기뻐하시는 뜻일 수 있겠네요.

L목사 _ 그렇습니다. 우리는 자주 하나님의 뜻을 분별할 때 '하나님의 뜻은 무조건 부족한 내 뜻과는 반대일 거야'라고 생각하는 경향이 있어요. 그러나 아니에요. 정당한 자기 돌봄, 건강한 자기 사랑이야말로 진정한 하나님의 뜻이라 할 수 있어요.

최진지 _ 앞으로는 나 자신을 하나님의 시각으로 바라보고, 사랑하며, 잘 가꾸어 나가야겠네요. 이제야 이해되지 않던 부분들이 명쾌해졌어요. 감사드립니다.

L목사 _ 다행입니다. 엇? 그런데 이야기하느라 최 집사님 마실 것 주문을 안 했네요. 하하하. 뭐 마실래요? 제가 사겠습니다.

최진지 _ 아! 저도 깜빡했네요. 오늘 따라 제 자신을 달콤한 커피로 돌봐주고 싶네요. 제가 제일 좋아하는 거 시켜도 되지요? 따뜻한 화이트 모카 벤티 사이즈 한 잔 부탁드립니다.

Part 3

영적 영양소 3 : 영적 훈련

변화와 성숙을 목표로

토요직장인성경공부 모임에 참여하기 위해 교회에 먼저 도착한 김삼일. 그는 늘 결심한 것들을 쉽게 포기하는 작심삼일이 주특기다. 변덕스러운 삼일에 비해 그나마 성실한 그의 동생 김사일의 권유로 성경공부 모임에 처음으로 참석하게 된 것이다. 그리고 그의 여자친구 손성실이 함께했다. 성실은 서울시청 탁구팀의 대표선수. 이 셋은 교회 로비에서 L목사를 만나는데….

김삼일 _ 목사님~

김사일 _ 목사니임~~ 안녕하세요.

L목사 _ 아, 반갑습니다. 삼일 형제, 사일 형제…. 어? 그런데 성실 자매, 웬일이에요? 지금 합숙소에 있어야 하지 않나요? 토요일 밤에 교회를 다 오고.

손성실 _ 목사님~ 안녕하세요. 이번 주까지 훈련을 다 마치고 다음 주 전국대회를 앞두고 하루 휴가를 받았어요. 큰 대회를 앞두고 초조했었는데, 사일 오빠가 토요성경공부 모임에 오면 좋겠다고 해서요. 헤헤~

L목사 _ 하하하, 그렇군요. 아, 성경공부모임 시작까지 아직 여유가 좀 있네요. 커피 한 잔 할까요?

교회 앞 카페. 따뜻한 커피 한 잔의 여유를 느끼며 화기애애한 대화가 오간다. 대화의 주제는 L목사의 '분별력' 칼럼에 관한 내용으로 이어졌다.

김삼일 _ 오랫동안 저는 예수님을 따르는 제자의 삶에 대한 가르침을 받을 때 '확고한 결심'을 제대로 하면 되리라 생각했어요. 그래서 그런 주제에 대해 설교를 듣거나 성경공부를 하고 난 후, 월요일 아침에 일어날 때는 더 인내심 있는 사람이 되려고 작정했었지요. 더 사랑과 자비가 많은 사람이 되려고 결단했어요. 그런데 안타깝게도 대부분 큰 효과가 없었습니다.

김사일 _ 저도 마찬가지예요. 지난여름 수련회를 계기로 '확' 바뀌는 체험을 경험하면 되리라 기대했었죠. 실제로 수련회 말씀과 기도회 시간을 통해 많은 도전과 은혜를 받긴 했어요. 다시 한번 결심하고 결단했어요. 하지만 일주일이 못되어 소위 은혜의 '약빨'이 다 떨어져버린 느낌이 들었어요.

L목사 _ 그렇군요. 은혜를 받고 결단을 하지만, 다시 예전의 삶으로 돌아가버린 자신의 모습을 보고 실망했다는 말이지요?

손성실 _ 네, 저도 마찬가지예요. 계속해서 결심만 반복한 결과, 더 지치고 낙심되는 게 사실이에요….

L목사 _ 사실 이건 여러분만의 고민은 아니에요. 신앙생활을 하는 대부분의 사람들이 이런 고민을 가진 적이 있거나 지금도 그런 고민 가운데 살고 있습니다. 제가 쓴 칼럼을 읽고 "이제 분별력 있는 사람이 돼야겠다!"고 결단한다고 해서 그런 사람이 되느냐? 절대 아니에요. 착각하지 말아야 할 것은 영적인 변화와 성숙은 얼마나 더

확고하게 결심하는가의 문제가 아니라는 것이지요.

김삼일 _ 네? 결단과 결심이 중요하지 않다는 뜻인가요?

L목사 _ 중요하지 않다는 것은 아니지만 그보다 더 중요한 게 있다는 말이지요.

손성실 _ 더 중요한 게 있다고요?

L목사 _ 사실 우리 삶의 영적인 변화와 성숙을 이끄는 주된 동력은 결단이라기보다는 훈련이라 할 수 있죠. 그래서 사도 바울은 디모데에게 "경건의 훈련(train)을 하라"고 격려했어요. 바울은 또 고린도교회를 향해서도 "이기기를 다투는 자마다 엄격한 훈련에 들어가야 한다(goes into strict training)"라고 말했고요(개역개정성경은 '모든 일에 절제하나니'로 번역됨).

김사일 _ 아…. 결단이 아니라 훈련을 통해서 변화되고 성숙된다는 뜻이군요.

L목사 _ 네, 맞아요. 바울이 '훈련'에 대해 강조할 때 당시 고린도는 이스트모스 축제가 벌어지는 장소였어요. 지금의 올림픽과 같

은 열광적인 행사 같은 거지요. 유명한 성경학자 고든 피에 의하면 바울이 주후 51년에 있었던 이스트모스 축제기간 동안 고린도에 있었을 가능성이 크다고 말해요. 당시 이스트모스 축제의 운동경기에 참가하는 모든 선수는 열 달 동안 엄격한 훈련을 받아야 했어요. 그것에 실패하면 아예 출전자격을 박탈할 정도로 치열한 경기였대요.

손성실 _ 저는 정말 공감이 되네요. 다음 주에 있을 선수권대회를 위해서 제가 땀 흘리고 열심히 준비하는 것처럼 그 당시 사람들도 그랬다는 거군요. 그럼 바울이나 그의 편지를 받은 사람 모두는 이미 '영적인 훈련'의 개념을 잘 공유하고 있었겠네요.

L목사 _ 성실 자매는 운동선수라 잘 알겠군요. 사실 많은 사람이 지금의 상태보다 더 나은 모습으로 변화되기 원해요. 그리스도를 더욱 닮기 원한다고 말합니다. 인격적으로나 영적으로 더욱 성숙하게 되길 소원하지요. 하지만 문제는 그들이 바라는 일이 잘 이루어지고 있지 않거든요. 왜 그럴까요? 이들에게 필요한 것은 바로 '훈련'이에요. 훈련 없이는 성장이 있을 수 없어요. 사람은 대체로 영적 성장에 대해서는 관심이 많지만 그에 비해 영적 훈련에 대한 관심이 턱없이 부족한 게 사실이에요. 하나님의 뜻이 무엇인지 판단하고 순종하는 분별력 역시 '훈련'으로 길러질 수 있거든요.

손성실 _ 아, 그러고 보니 확연히 이해가 되네요. 저의 꿈은 세계 최고의 탁구 선수들과 어깨를 나란히 하는 것, 그리고 올림픽에 나가서 금메달을 따는 거예요. 그런데 제가 아무리 금메달을 따는 멋진 상상을 많이 하거나 올림픽 출전에 대한 의지가 강력하다 해도 그런 '결단'만으로는 메달을 딸 수는 없거든요. 의지만 가지고는 안 된다는 거지요. 정말 치밀하게 준비하고, 끊임없이 반복해서 훈련하고 연습해야만 올림픽에도 나갈 수 있고, 금메달도 딸 수 있어요. 이것이 영적인 삶에도 적용될 수 있다는 말이지요?

L목사 _ 정확한 지적이에요.

김사일 _ 가만히 생각해보니 훈련의 필요성은 단지 운동선수에게만 국한되지 않는 것 같아요. 제가 피아노를 배울 때도 그랬어요. 노래를 듣고 자유롭게 반주할 정도가 되려면 엄청난 훈련이 필요해요.

김삼일 _ 그러고 보니 외국어를 배울 때도 훈련이 필요하네요. 반복해서 단어와 숙어를 외우고, 발음을 연습하고….

L목사 _ 네, 맞아요. 어떤 분야에서든 성장하고 성숙하기 위해서는 훈련이 반드시 필요해요. 우리의 분별력 역시 마찬가지랍니다. 하나님은 우리를 향한 놀라운 계획을 가지고 계세요. 우리는 그분의

계획과 뜻을 잘 분별해 낼 수 있는 능력이 필요하지요. 이것은 올림 픽 출전보다 더 위대하고 의미가 있는 일이지요. 하지만 이 멋진 비 전도 우리의 영적 훈련 없이는 이루어지지 않음을 기억하세요.

손성실 _ 아, 목사님. 성경공부 시작 10분 전이네요.

L목사 _ 벌써 시간이 이렇게 되었군요. 자, 일어섭시다. 성경공 부 한 후에 나머지 이야기를 나눠봅시다.

성경공부 모임 2시간이 훌쩍 지났다. 하지만 앞서 이야기를 나누 었던 네 명은 자리를 뜨지 않았다. 훈련에 대한 호기심이 가득했던 김사일이 먼저 자연스럽게 대화를 이어갔다.

김사일 _ 모든 삶의 영역에서와 마찬가지로 영적 성장을 위해서 도 훈련이 반드시 필요하다는 말씀이군요.

L목사 _ 맞아요. 영적 훈련은 선택이 아니라 필수예요. 우리가 교회에서 배우는 기도생활, 말씀 묵상과 암송, 성경 공부 등의 훈련 뿐만 아니라 기독교 2천 년 동안 내려온 전통적인 영성훈련, 즉 거 룩한 독서(Lectio Divina), 침묵, 금식, 공동생활, 분별, 마음의 성 찰, 영성 일기쓰기 등의 꾸준한 훈련과 연습이 필요하지요.

손성실 _ 그런데 목사님! 저도 운동선수로 십년 이상을 살아왔지만 훈련할 때 필요한 태도나 자세 같은 게 있긴 했어요. 그냥 막무가내로 열심히만 해서는 안 되고, 올바른 방법과 올바른 태도로 훈련을 할 때만 실력 향상이 있었거든요.

L목사 _ 정확히 잘 지적하셨어요. 영적으로 훈련된 사람이란 올바른 일을 올바른 시간에 올바른 방법과 올바른 태도로 할 수 있는

영적 훈련은
선택이 아니라 필수예요.

사람이지요. 따라서 영적 성장을 위한 훈련을 할 때 반드시 기억해야 할 몇 가지가 있습니다.

김삼일 _ 오, 그렇군요. 가르쳐주세요, 목사님.

L목사 _ 첫째, 훈련된 사람의 모습이 아닌 게 무엇인지 주목하는 것이에요. 훈련된 사람이란 단지 훈련을 많이 받은 사람이 아닙니다. 훈련된 사람은 고도로 체계적이고, 엄격한 스케줄을 따르며, 도표를 만들어 높은 평가 점수 받기를 좋아하는 사람도 아니에요. 매일의 훈련 일정을 빠뜨리지 않고 완벽하게 기술을 마스터한 사람을 꼽으라면 바리새인을 들 수 있어요. 하지만 그들은 진정한 제자도에 비추어 볼 때 훈련된 사람은 아니었지요. 아무리 엄격하고 체계적인 훈련을 받았다 하더라도 실전에서 맥을 못 추게 되면 그 훈련은 무용지물이 된답니다.

김사일 _ 맞아요. 사실 바리새인만큼 기계적인 훈련이 잘된 사람은 없었을 테니까요…. 같은 훈련이라도 어떤 목표를 가지느냐에 따라 결과가 달라지겠군요.

L목사 _ 둘째, 지혜로운 훈련은 성령의 자유로운 역사를 존중한다는 사실입니다. 영적 훈련은 돛단배를 타고 항해하는 것과 같아

요. 우리가 돛을 올리고 키를 조종하더라도 철저하게 바람에 의지해야 합니다. 배는 바람에 따라 움직이기 때문이에요. 바람이 불지 않으면 우리가 아무리 필사적으로 노력하더라도 배는 움직이지 않지요. 우리가 해야 하는 일은 바람을 잘 받을 수 있도록 돛을 높이 올리는 것뿐입니다. 영적 변화도 이와 같아요. 우리가 영적 훈련을 적극적으로 하더라도 우리 마음대로 시작하고 끝마칠 수는 없어요. 우리가 영적 변화를 조종할 수도 없고, 혹시 놀라운 변화가 주어지더라도 그에 대한 공로를 차지할 수도 없음을 기억해야 해요.

김삼일 _ 음…. 내가 뭔가를 열심히 준비한다 해도 주님이 은혜를 허락하시지 않으면 무용지물이라는 말씀이군요. 정말 동의가 됩니다. 그렇다면 세 번째 요소는요?

L목사 _ 셋째로, '분별력을 키워 나가라'는 점을 기억해야 해요.

김사일 _ 결론은 언제나 '분별력'이네요.

L목사 _ 돛단배를 탄 항해자는 바람을 직접 일으킬 수는 없지만 바람을 '읽는 방법'을 배워가야 합니다. 노련한 항해자는 바다를 보기만 해도 바람이 어디에서 가장 강하게 부는지 알 수 있고, 하늘만 봐도 일기를 예측할 수 있지요. 그것이 바로 '분별력'입니다. 영적

성장을 하려면 이런 분별력이 필요합니다. 내가 하고 있는 지금의 영적 훈련의 진정한 목적이 무엇인지 항상 기억해야 해요. 성실히 처음 세워두었던 훈련의 스케줄을 따라가는 자세가 기본적으로 필요하겠지만, 때로는 모든 것을 멈추고 방향을 선회하는 융통성도 필요합니다. 가장 탁월한 코치인 성령님이 모든 과정을 통제하실 수 있도록 우리를 내드리는 자세가 중요해요.

손성실 _ 아하! 내가 뭔가를 하려고 애쓰지 말고 성령님께 훈련의 전 과정을 맡기라는 말이네요. 사실 저 같은 운동선수도 내 고집을 내려놓고 코치에게 훈련 내용을 온전히 맡겨야 하거든요. 그래야 성적도 오르는 법인데…. 그것과 비슷하네요.

김사일 _ 하하하! 운동선수들이 훈련하는 것과 영적 훈련이 이토록 유사한 점이 많다니 놀랍네요~

L목사 _ 오늘은 너무 늦었으니 이만 돌아갑시다. 혹시 이 부분에 대해 더 깊이 고민하고 공부할 사람은 달라스 윌라드의 「마음의 혁신」과 존 오트버그의 「평범 이상의 삶」 같은 책을 참고하면 좋아요.

김삼일 _ 네, 목사님. 굿 나이트! 감사한 밤이었습니다.

영적 영양소 4 : 말씀 묵상

뜻을 분별하는 지름길

훈련의 삶에 대해 입에 침이 마르도록 강조했던 L목사. 훈련 중에서 그가 가장 중요하다고 생각하는 것은 단연 '말씀 묵상의 훈련'이다. 깊이 있는 말씀 묵상이야말로 하나님의 뜻을 분별하는 지름길이라고 믿기 때문이다. 이에 대해 조금 더 강조할 필요가 있을 것 같아 교회 홈페이지에 두 꼭지의 칼럼을 쓰기로 작정했다. L목사가 존경해 마지않는 본 훼퍼 목사의 말을 인용하며 글을 시작한다.

홍수시대의 생수

"나는 성경에 있는 하나님의 말씀 속으로 보다 깊이 들어가는 것을 실패한 날은 하루를 잃어버린 사람처럼 살게 된다." _ 본 훼퍼.

요즘은 그야말로 정보의 홍수시대입니다. 수많은 책과 잡지, 신문과 매뉴얼이 우리 주위에 즐비합니다. 책상에 앉아 컴퓨터를 켜면 인터넷을 통해 최첨단 정보가 거대한 파도처럼 밀려옵니다. 주체할 수 없을 정도로 많은 정보의 양이 숨을 턱턱 막아버릴 정도로 우리를 삼키려 하고 있음을 느낍니다. 디지털혁명이 가져다주는 혜택보다 아날로그의 어눌한 추억이 더 그리운 시대가 도래한 것입니다. 그래서 '디지털+아날로그'의 합성어 '디지로그'라는 용어가 요즘 뜨고 있는지도 모르겠습니다.

현란한 문명의 불빛과 전문가들의 가르침이 가득 찬 이 시대는 분명 이전보다 더 많은 문화적 혜택을 누릴 수 있는 시대라 할 수 있습니다. 그런데 이렇게 편리하고 좋은 시대 속에서 공허한 목소리, 갈급한 목마름이 더 많이 나타나는 것은 어떻게 해석할 수 있을까요? 길가메쉬 서사시로 대표되는 당대 최고

문명지 갈대아 우르에서 깊은 회의에 빠져 있던 아브람의 탄식과 밤이 맞도록 수고했음에도 고기 한 마리 못 잡은 갈릴리 바다의 베테랑 어부 시몬의 탈진한 한숨소리는 우리가 살아가는 최첨단 시대 속에서도 듣게 되는 영혼의 부르짖음과 다를 바 없습니다.

어쩌면 이런 탄식소리는 정작 한치 앞을 내다볼 수 없는 유한한 인생을 사는 우리에게 최선의 삶이란 최첨단 고급정보가 아닌 하늘의 음성으로부터 시작된다는 점을 증명하는 것이 아니겠습니까? 그래서 아브람은 오직 "여호와의 말씀을 따라"(창 12:4) 갈 바를 모르고 가는 길을 담대히 갈 수 있었고, 시몬은 고기가 있을 리 없는 그 시간 그 깊은 곳에 오직 "말씀을 의지하여"(눅 5:5) 일생일대의 그물을 내릴 수 있었을 것입니다. 그러기에 또한 아브람은 저 가나안 땅에 갈대아 우르보다 무한히 위대한 문명의 초석을 세우는 아브라함이 되었고, 시몬은 자신의 전문성의 지고한 이상을 성취해 새로운 시대를 낚는 베드로가 되었던 것이 아닐까요?

그렇습니다! 지금 우리에게 필요한 것은 더 많은 정보와 최첨단의 기술이 아닙니다. 하늘로부터 내려오는 하나님의 음성입니다. 그 음성에 귀 기울이지 않고 자꾸만 세상이 들려주는 목소리에 집중하려 할 때 우리의 마음은 공허해질 뿐입니다. 팔레스타인의 가뭄에서도 시냇가에 심은 나무는 시절을 좇아 열매를 맺을 수 있습니다(시편 1편). 참된 진리가 실종된 포스트모던 사회에서 하나님의 말씀을 묵상하는 사람은 목마름과 허기짐에 굶주리지 않습니다. 하나님의 의와 진리에 목말라하는 자는 하늘로부터 내려오는 생명 양식으로 결코 굶주리지 않기 때문입니다.

리더스 하이(reader's high)

몇 해 전 대만으로 단기선교를 간 적이 있습니다. 대만 선교기간 동안 팀원들이 가장 아쉬워했던 것은 바로 부족한 '중국어' 실력이었습니다. 당연한 말 같지만 외국에서 선교하고 사역하는 데 있어서 가장 필요한 것은 외국어입니다. 현지인들에게 마음껏 복음을 전하고 싶어도 중국어 실력이 안 되니 그 만큼 마음이 심란해졌습니다. 제가 아는 중국어는 '니하오' 밖에 없었습니다. 여간 불편한 것이 아니었습니다. 손짓 발짓으로만 대화하는 게 얼마나 어려운지 새삼 절감했습니다. 다행히 팀원 중에 중국어를 아주 잘하는 자매가 있어서 많은 도움을 받았습니다. 일행 모두가 그녀의 탁월한 중국어 실력에 감탄했습니다.

자매는 벌써 대만 선교가 일곱 번째라고 했습니다. 매번 이곳을 찾는 이유가 무척 단순했습니다. "그냥 대만이 너무 좋아서"였습니다. 중국어는 고등학교 교양과목으로 잠시 배운 것이 다였지만 대만이 너무 좋으니 틈틈이 그 나라말을 즐겁게 배웠다고 합니다. 그러다 보니 자신도 모르는 사이 이 정도의 실력을 갖추었다고 말합니다. 누군가가 그랬지요? 천재는 노력하는 사람을 이길 수 없고, 노력하는 사람은 즐기는 자를 이길 수 없다고. 열심히 노력하는 사람을 따라잡기란 쉽지 않습니다. 그런데 노력하는 사람보다 더 무서운 사람은 즐기는 사람입니다. 좋아서 무언가를 하는 사람은 아무도 못 당합니다. 비단 중국어 실력뿐만 아니라 우리 삶의 모든 영역이 사실 다 그렇지 않은가요!

신앙생활도 마찬가지입니다. 좋아서 말씀을 보는 것과 억지로 성경을 읽는 것은 정말 다릅니다. 시편 1편은 여호와의 율법을 "즐거워하고" 그 율법을 주야로 묵상하는 자가 복이 있다고 말합니다. 그 사람은 시냇가에 심은 나무처럼 철을 따라 열매를 많이 맺는다고 했습니다. 그냥 읽고 묵상하는 것이 아니라 말씀 읽기를 즐기는 사람이 복되다고 강조합니다. 매일 큐티하기를 기뻐하는 사람, 성경을 펼쳐 읽는 것 자체를 좋아하는 자는 참으로 복 있는 사람입니다. 그런 사람은 팔레스타인의 건조 기후 가운데도 사시사철 열매를 맺는 오아시스의 나무처럼 언제나 싱싱합니다. 고난 중에서도 생명력이 넘치고 시련 가운데도 간증의 열매가 넘칩니다.

저는 약 5년 전부터 10km 단축 마라톤을 시작했습니다. 예전에 사역하던 교회의 사역자들은 체력관리를 위해 의무적으로 마라톤을 해야 했습니다. 처음 마라톤을 '억지로'(?) 시작할 때는 '이 짓을 왜 하나?' 싶었습니다. 처음 달릴 때는 완주하기도 버거웠으니까요. 매주 두 번씩 한 시간을 달렸습니다. 너무 힘이 들었습니다. 어쩔 때는 무릎에 무리가 와서 한동안 절뚝거리기도 했습니다. 어쩔 수 없이 해야 하는 마라톤이 정말 싫었습니다.

그런데 약 1년 정도가 지난 어느 시점이 되었을 때 말로만 듣던 '러너스 하이'(runner's high) 현상이 제게 나타나기 시작했습니다. 장거리 달리기를 계속하다 보면 처음에는 숨이 차고 힘들다가도 사점(dead point)을 지나 언제 그랬냐는 듯 몸이 가뿐해지는 현상입니다. 더 나아가 시공간을 초월하고 박진감을 느끼며 몸이 날아갈 것 같은 상태에 이르게 되는데, 이런 러너스 하이가 저에게도 찾아올 줄은 꿈에도 몰랐습니다. 이후로 저는 매일 밤 10km씩을 달렸습니다. 아무리 늦게 집에 돌아와도 동네 앞 학교 운동장을 한 시간씩 달렸습니다. 달리는 순간만큼은 몸도, 마음도 개운해질 뿐만 아니라 영혼까지 맑아지는 느낌이었습니다. 비가 오는 날이면 발을 동동 굴렸습니다. 어떨 때는 비를 홀딱 맞으면서 달리기도 했습니다.

하나님의 말씀을 주야로 즐겁게 묵상하는 복된 삶! 나에게도 이런 놀라운 일이 일어날 수 있을까요? 물론입니다. 하지만 공짜로 얻어지지는 않습니다. 끊임없는 묵상의 훈련이 먼저 필요합니다. 성경을 펼쳐 매일 하나님의 말씀을 묵상해야 합니다. 익숙하지 않으니 억지로라도 입술을 깨물고 하나님의 말씀을 읽고 묵상해야 합니다. 그러면 언젠가! 하지만 반드시! 러너스 하이처럼 '리더스 하이'(reader's high)가 찾아올 것입니다. 여호와의 말씀이 송이꿀보다 더 달다(시 19편)고 고백했던 시편 기자의 말에 공감하며 무릎을 탁! 치는 순간이 올 것입니다. 다시 한번 꿈꿔봅시다. 우리네 인생이 말씀 묵상을 즐기는 인생이 되기를. 그래서 시냇가의 심은 나무처럼 풍성한 열매를 맺는 복된 인생이 되기를 기도합니다.

영적 영양소 5 : 침묵

동행을 위한 머무름

　　세상의 모든 일을 혼자서 다 감당하는 듯 언제나 분주한 김분주. 회사에서 인정받는 커리어우먼이고, 교회 내 여전도회 회장 역할도 성실하게 잘 감당한다. 최근에는 권사 직분을 받아 교회 내 각 분야에서 충성스럽게 사역한다. 그런데 요즘은 바빠도 너무 바빠 보인다. L목사는 하나님의 뜻을 분별하는 데 기본적으로 꼭 필요한 게 여유와 침묵이라고 가르쳐왔다. 하지만 김분주 권사는 너무나 바쁘게 지낸다. 교회의 중책을 맡았다면 하나님의 뜻에 더욱 민감하게 반응해야 할 사람이 아닌가! 마침 주일 오후 성가대 연습을 마친 김 권사와 교회 로비에서 만난 L목사. 그녀의 삶에 영적 브레이크를 걸어줄 필요가 있다고 생각하고 말을 건다.

L목사 _ 김 권사님, 오늘도 수고가 많았습니다.

김분주 _ 아, 목사님! 오늘 설교 말씀에 은혜를 많이 받았어요. 한 주를 살아갈 새 힘을 얻었답니다.

L목사 _ 하하, 권사님 마음 밭이 좋아서 주님께서 은혜를 주신 겁니다. 다시 한번 최연소 권사 임직을 축하드려요.

김분주 _ 감사해요. 주께서 맡기신 직분을 잘 감당할 수 있을지 걱정이 앞서네요.

L목사 _ 염려 마세요. 하나님께서 힘을 주실 거예요. 그건 그렇고, 연말이라 많이 바쁘지요?

김분주 _ 사실 요즘 말도 안 되게 바빠요. 회사일도 마무리 짓지 못한 게 많은데, 망년회, 송년회에다 무슨 모임이 그리 많은지…. 너무 바빠서 지난 수요저녁예배도 참석하지 못했네요. 목사님도 많이 바쁘시죠?

L목사 _ 저도 연말이라 만만치 않네요.

김분주 _ 휴~ 주변 사람들 가운데 "바쁘다 바빠"라고 말하지 않는 사람이 없는 것 같아요.

L목사 _ 한국인이 가장 자주하는 말이 "빨리빨리"잖아요. 거기에다 공동체와 모임을 중요시 여기는 우리 민족에게는 연말연시를 기점으로 모임도 잦아지니 바쁠 수밖에 없지요. 그런데 분명한 것은 이 시점에 우리가 빠질 수 있는 함정이 있다는 사실을 잊지 말아야 해요.

김분주 _ 네? 함정이라고요?

L목사 _ '바쁨'은 우리의 영혼을 갉아먹는 기생충과도 같아요. 그러기에 제가 참 존경하는 유진 피터슨 목사님은 "너무 바쁘게 살아가는 것은 너무나 큰 죄악이다"라고 단언해버립니다.

김분주 _ 헉! 바쁘게 사는 게 죄라고요?

L목사 _ 네, 맞아요. 게으름도 죄지만 바쁜 것도 죄랍니다. 한국사람은 천성이 부지런해서 게으른 것을 부정적으로, 바쁘게 무언가

열심히 일하는 것을 긍정적으로 보는 경향이 있지요.

김분주 _ 음, 그렇긴 해요. 바쁘게 살아가는 사람이 무언가 능력이 있어 보이고, 달력 스케줄에 빡빡하게 적혀 있으면 "난 성공한 사람이야"라는 묘한 뿌듯함도 느끼게 되고….

L목사 _ 제 주위를 보면 해야 할 일이 너무 많아서 그런 경우도 있지만 일할 의욕을 잃어버리지 않기 위해 일부러 바쁘게 지내는 사람도 있는 것 같아요. 이런 사람은 일중독자라고 볼 수 있지요. 혹은 자신의 가치를 '증명'하거나 고통스러운 기억을 잊기 위해 바쁘게 사는 사람도 있는 것 같고요.

김분주 _ 네, 그러고 보니 제 주변에도 그런 사람이 많은 것 같아요. 그런데 저는 어릴 때부터 항상 부지런하게 살아야 한다고 배웠거든요.

L목사 _ 부지런함과 바쁨은 구별해야겠지요? 제가 지금 말씀드리는 것은 오늘날 한국 교회 내에서 가장 널리 퍼진 질병인 '생각할 시간이 없는 병'을 이야기하는 거예요.

김분주 _ 생각할 시간이 없는 병이라고요?

L목사 _ 네, 하나님의 뜻이 무엇인지 영혼의 귀를 열고 경청하려면 생각할 시간이 필요해요. 그런데 자꾸 바쁘다는 이유로 그분 앞에 머물지 않게 된다면 하나님의 뜻대로 살아간다는 것은 요원한 일이 되고 말지요. 사실 바쁘다는 것은 우리가 무언가 모를 두려움과 죄책감에 연루되어 있다는 반증이기도 합니다. 실패에 대한 두려움, 뭔가 성취해야만 한다는 두려움, 이런 식으로 살아서는 안 된다는 죄책감 등…. 적자생존의 법칙이 존재하는 자본주의 사회에서 살아남기 위해 아등바등 애를 쓰는 동안 이러한 잘못된 감정과 동기로부터 시작된 삶은 바쁨의 악순환을 계속되게 만들지요.

김분주 _ 아….

L목사 _ 불행하게도 상당수의 열심 있는 신앙인조차 스스로를 드러내시는 하나님을 제대로 볼 수 없을 만큼 바쁘게 살아가고 있는 것 같아요. 현대의 많은 그리스도인은 이미 행동과 성취에 목숨을 걸도록 프로그램화되어서 하나님의 말씀을 들을 능력을 잃어버렸어요. 주변의 소음과 자아의 소리에 귀가 멍멍해져서 성령님의 속삭임을 들을 수 없게 된 것이지요.

김분주 _ '빨리빨리'와 '성취, 성공'의 문화에 너무 익숙해져 정작 중요한 것을 잃어버린 셈이네요.

L목사 _ 네, 맞아요. 조급증은 결국 우리의 영적생활을 마비시켜 버리게 되지요.

김분주 _ 목사님, 그렇다면 이 바쁨병과 조급증에서 탈출할 수 있는 방법은 무엇일까요?

L목사 _ 음…. 침묵이 그 해답이 될 수 있겠네요. 너무나 많은 일과 정보의 과부하 속에서 살아남기 위해 우리는 침묵 훈련을 통해 하나님의 말씀을 들어야만 해요.

김분주 _ 침묵과 고독이라….

L목사 _ 침묵과 고독은 잠시 가던 길을 멈추어 선다는 것을 의미해요. 더 많은, 그리고 선한 영향력을 발휘할 수 있는 방법은 사실 더 많은 활동에 있는 것이 아니라 효과적인 침묵 훈련에 있어요.

김분주 _ 아이러니하네요. 더 많은 영향력을 발휘하기 위해서 오히려 침묵으로 나아가라니요.

L목사 _ 그렇지요? 하지만 이건 분명한 성경적 원리예요. 별다른 위대한 업적은 없었지만 죽음을 보지 않고 하늘로 올라간 에녹을 기

억해보세요.

김분주 _ 아, 에녹! 창세기에 나오는 '하나님과 동행했던 에녹' 말씀이시지요?

L목사 _ 그래요. "에녹은 육십오 세에 므두셀라를 낳았고 므두셀라를 낳은 후 삼백 년을 하나님과 동행하며 자녀들을 낳았으며 그는 삼백육십오 세를 살았더라. 에녹이 하나님과 동행하더니 하나님이 그를 데려가시므로 세상에 있지 아니하였더라"(창 5:21-24). 에녹은 철저한 Being(존재)의 사람이었지, Doing(행위)의 사람이 아니었어요. 그가 한 거라곤 하나님과 동행하는 삶뿐이었어요. 이게 쉬워보여도 사실 더 어려운 일이긴 하지요.

김분주 _ 오늘 목사님이 설교하실 때 "Work for God 하는 것보다 Work with God 하는 게 더 어렵다. 하지만 후자가 더 중요하다"고 말씀하셨잖아요. 같은 맥락으로 이해해도 될까요?

L목사 _ 역시 권사님! 이해력이 빠르시네요. 맞습니다. 우리는 하나님을 위해 뭔가 활동적인 일을 먼저 하려고 덤벼드는 경향이 있는데, 그것보다 중요한 것은 하나님과 동행하는 법을 먼저 배워야 해요. 그러려면 하나님 앞에 침묵 가운데 머무는 삶을 연습해야지요.

김분주 _ 그런데 많은 현대인은 침묵을 싫어하는 것 같아요. 저부터도 조용한 곳에서 아무것도 하지 않고 있으면 불안하거든요.

L목사 _ 안타까운 현실이지요. 침묵에서부터 하나님의 뜻을 분별하는 것이 시작되는 법이거든요. 그럼에도 불구하고 현대인은 침묵을 '퇴보하는 것'이라 생각하는 경향이 강합니다. 그래서 혼자 있을 때도 자기계발을 위해 무언가를 하려고 하지요. 불안감을 달래기 위해 쉴 때도 라디오나 텔레비전을 켜거나 컴퓨터 앞에 앉아 있으려 해요. 사실 이제껏 현대 복음주의 전통에서는 침묵이나 고독 같은 것을 별로 중요하게 여기지 않았어요. 하지만 헨리 나우웬 같은 분은 "과거에는 조용한 것이 당연하고 시끄러움이 어색한 때가 있었다. 그러나 오늘날에는 시끄러운 분위기가 당연하고 침묵은 그 자체로 어색하고 점점 거북하게 느껴진다"라고 했어요. 실제로 침묵 훈련은 지난 2천 년 동안 기독교 영성에서 매우 중요한 역할을 해온 것이 사실이거든요.

김분주 _ 와! 침묵 훈련이 2천 년의 역사를 가지고 있다고요?

L목사 _ 네, 맞습니다. 예수님의 사역을 연구해보면 분주한 공생애 사역 가운데서도 항상 하나님의 임재 앞에서 침묵의 시간을 확보하시는 모습을 볼 수 있거든요. 이 전통을 초대교회 성도, 교부, 그

리고 많은 신앙의 선조가 지켜왔어요. 토마스 아 켐피스는 "예수님은 우리가 영적으로 겸손하고 침묵하는 동안에만 우리와 함께하실 것이다"라 했고, 십자가의 요한도 "하나님 아버지께서는 한마디만을 하셨을 뿐이다. 그 한마디가 바로 그의 아들 예수님이었고, 이어지는 영원한 침묵을 통해 아들 예수님을 설명하고 계신다. 영혼은 침묵을 통해 하나님께 귀를 기울여야 한다"라고 말했답니다.

김분주 _ 음…. 그렇군요. 혹시 구약에도 이런 침묵의 전통이 있나요?

L목사 _ 네, 물론이지요. 시편을 보면 시인들의 고백 속에 하나님 앞에 잠잠히 기다린다는 표현이 정말 자주 나와요. 침묵 속에서 하나님의 임재를 구하는 것이지요. 여호수아와 이스라엘 백성들이 여리고 성을 돌 때도 조용히 침묵 가운데 돌았고요, 홍해 앞에서 풍전등화의 위험 가운데 있던 이스라엘 백성들에게 "너희는 가만히 서서 하나님의 구원을 보라"는 침묵의 명령이 있었지요. 또한 이스라엘에만 존재했던 독특한 제도인 안식일, 안식년, 희년제도 같은 것도 사실, 삶과 생활의 사이클 속에서 침묵이 얼마나 필요한지를 가르쳐주시는 하나님의 의도임을 알 수 있어요.

김분주 _ 아, 그러네요. 요즘 너무 분주하고 바빠서 하나님의 말씀에 귀 기울지 못하고 있었는데…. 정말 반성이 됩니다. 연말연시의 분주한 시간 가운데서도 꼭 큐티시간과 기도시간을 확보해서 침묵 가운데 하나님 앞에 머물며 그분의 뜻을 알아가도록 노력해야겠네요. 감사합니다, 목사님!

L목사 _ 네네~ 권사님, 늘 응원합니다!

능동적인 삶의 특권

　　이홀로와 최외롬은 청년부의 든든한 리더이다. 늘 하나님의
뜻을 구하기 위해 애쓰는 훈련된 형제자매이다. 하지만 파릇파릇한
청춘인지라 따뜻한 봄이 되자 마음이 자주 흔들리는 게 사실이다.
거리에 팔짱을 끼고 데이트를 즐기는 사람들을 보면 미간에 주름이
생기면서 영적 분별력이 흐려지기 마련이다. 눈치를 챈 L목사가 먼
저 말을 건다.

　　L목사 _ 수고 많지요, 홀로 형제님, 외롬 자매님~

이홀로 _ 목사님, 한 주간 잘 지내셨나요?

최외롬 _ 목사님, 안녕하세요. 오늘 날씨 너무 좋지요?

L목사 _ 아, 그렇군요. 날씨가 정말 따뜻해졌어요.

이홀로 _ 지난주에는 청년부 조원들이 야외로 나가자고 하더라고요. 남산으로 나들이 갔더니 벌써 노란 개나리가 만개했어요.

L목사 _ 아, 그러고 보니 버스커 버스커의 〈벚꽃 엔딩〉이 거리마다 들려올 때가 가까워졌군요.

최외롬 _ 목사님, 날씨 때문인지 제가 봄을 좀 타는 것 같아요.

L목사 _ 봄을 탄다고요?

이홀로 _ 외롬 자매만 그런 게 아니라 우리 청년부 지체 중에도 싱숭생숭한 마음 때문에 잠수를 타는 이가 좀 있어요. 전화도 안 받고, 카톡 답장도 없네요.

최외롬 _ 그러게요. 요즘 같은 때 특히 외로움이라는 감정에 흔들리는 것 같아요. 외로움이 심해지다 보면 그게 신앙생활에도 영향을 미치는 것 같고….

이홀로 _ 맞아요. 주말에는 교회에서, 주중에는 학교나 직장에서 수많은 사람을 만나고 그들과 교제하지만 이상하게도 나만 홀로 남겨진 기분에 급우울해져요.

L목사 _ 외로움이라…. 굉장히 힘들고 어려운 감정이지요. 현대인은 인류가 지나온 어떤 세대보다도 더 많은 사람과 만나고 대화하며 살아가고 있어요. 그런데 아이러니하게도 우리가 느끼는 외로움은 우리의 선조들보다 더 한 게 사실이지요.

최외롬 _ 그래서 수많은 군중 속에서도 소외감을 느껴 우울증에 빠지고, 심지어 자살까지 하는 끔찍한 일도 생기나 봐요.

이홀로 _ 친구들 중에는 단순히 외로움이 느껴진다는 이유 때문에 섣부른 연애를 시작하고, 얼마 지나지 않아 서로에 대한 실망 때문에 쉽게 헤어지는 이도 많은 것 같아요.

L목사 _ 네, 외로움이라는 감정 때문에 생겨나는 여러 가지 부작용이 많지요. 그러나 외로움을 이기기 위해서는 고독을 선용하면

좋아요.

이홀로 _ 지난 번 목사님이 외로움과 고독을 정의해주셨던 기억이 나요. 그 둘이 서로 다른 개념이라고 하셨던 것 같은데…. 맞죠?

L목사 _ 오! 홀로 형제, 그걸 기억하는군요.

최외롬 _ 외로움과 고독? 이 둘이 다르다고요?

L목사 _ 네, 외로움과 고독은 비슷한 말 같지만 전혀 다른 말이에요. 외로움이란 '혼자 있는 고통'을 표현하기 위한 말이고, 고독이란 '혼자 있는 즐거움'을 표현하기 위한 말이지요.

최외롬 _ 와! 완전히 반대 개념이네요.

L목사 _ 제가 한 말이 아니라 폴 틸리히란 분이 말한 거예요. 주의 깊게 관찰해보면 외로움 가운데 있는 것과 고독 가운데 있는 것의 차이를 익힐 수 있어요. 우리 주위에 있는 사람들 중에 불안한 사람과 평안한 사람, 그리고 쫓기며 사는 사람과 자유롭게 사는 사람, 외로운 사람과 홀로 있는 사람을 구별하기란 그리 어렵지 않아요.

이홀로 _ 평안한 사람, 자유롭게 사는 사람, 홀로 있는 사람이 바로 '고독' 가운데 있는 사람이라는 말씀인가요?

L목사 _ 맞아요. 마음 가운데 고독을 소유한 사람은 외로움이라는 감정에 쉽게 무너지지 않아요. 그런데 고독의 시간을 확보하지 못하게 되면 사람들로 북적이는 사무실이나 교실에서, 심지어 영화를 보거나 수다를 떨며 행복한 한때를 보내면서도 외로움에 울적한 감정을 느낄 수도 있어요.

이홀로 _ 아, 저도 가끔 그런 때가 있어요. 친구들과 깔깔거리며 커피를 마시고 있는데, 느닷없이 외로운 감정이 확 올라와서 급우울해진 적이 있었거든요. 목사님 말씀에 의하면 고독의 시간을 확보하지 못해서 그런 거네요.

최외롬 _ 음…. 그런데 저는 고독의 시간을 확보해야 한다는 말씀이 좀 알쏭달쏭하네요.

이홀로 _ 외로움이 아니라 고독을 선택하라는 말씀인 것 같은데요?

L목사 _ 네, 그렇습니다. 수동적으로 외로움의 감정을 받아들이

는 것이 아니라 능동적으로 고독의 삶을 선택하라는 것이지요.

최외롬 _ 목사님, 좀 더 구체적으로 말씀해주세요.

L목사 _ 자, 예수님을 생각해보세요. 늘 바쁜 일정 가운데서도, 그리고 수많은 군중 속에서도 고독의 특권을 빼앗기지 않았지요. "새벽 아직도 밝기 전에 예수께서 일어나 나가 한적한 곳으로 가사 거기서 기도하시더니"(막 1:35).

이홀로 _ 음, 맞아요. 그러고 보니 오병이어의 기적 직후 온 백성이 주님을 왕으로 삼으려 몰려 왔을 때도 군중을 피해 산으로 올라가 홀로 하나님과 교제를 가지셨어요. "그러므로 예수께서 그들이 와서 자기를 억지로 붙들어 임금으로 삼으려는 줄 아시고 다시 혼자 산으로 떠나 가시니라"(요 6:15).

최외롬 _ 아, 분주한 가운데서도 적극적으로 고독의 시간을 확보하셨군요.

L목사 _ 네, 고독의 시간을 수동적으로 기다리기보다 능동적으로 확보하셨지요. 복음서를 읽어보면 곳곳에 보석과도 같은 고독의 시간을 누리시는 예수님의 모습이 기록되어 있어요. 예수님은 제자

들과 공동체생활을 하면서도 항상 혼자만의 시간을 철저하게 확보하셨답니다.

이홀로 _ 오늘날로 말하자면 여러 사람과의 공동체 모임에도 열심히 참여하셨지만 혼자서 하나님을 은밀히 만나는 시간에 우선을 두셨다는 뜻이네요.

최외롬 _ 아, 맞다. 예수님이 항상 '골방기도'를 강조하신 것도 고독의 시간을 확보하고 누리라는 뜻이 아닐까요?

L목사 _ 맞습니다. 잘 이해하셨군요! 사실 기독교 영성사에서 가장 오래되고 기초가 되는 개념이 바로 '침묵'과 '고독'이에요.

이홀로 _ 침묵과 고독이 우리의 영성에 그토록 중요한 것이군요.

L목사 _ 그럼요. 침묵과 고독을 소유한 사람만이 하나님의 뜻을 정확히 분별할 수 있어요.

최외롬 _ 하나님의 뜻을 알기 위해 반드시 침묵과 고독이 필요하다는 말씀이군요.

ㄴ목사 _ 그렇지요. 침묵과 고독이 중요한 이유가 또 있어요. 이것이 내면에 깔려 있지 않은 상태에서 섬김, 봉사, 구제, 나눔, 훈련, 선교와 같은 활동만 계속되다 보면 영적 탈진이 오게 된답니다. 교회에서 열심히 일하는 사람들 중에 의외로 이런 탈진현상을 보이는 분이 많아요.

"침묵과 고독을 소유한 사람만이
하나님의 뜻을 정확히 분별할 수 있어요."

이홀로 _ 그러고 보니 제 주변에도 번 아웃(Burn out)되어 신앙의 열정이 사라진 분이 계세요.

L목사 _ 그런 분이 영혼의 외로움에 빠지게 되지요. 하나님이 곁에 계심에도 잘 느끼지 못하니 외로울 수밖에요.

최외롬 _ 고독을 잃으니 외로움에 빠진다니…. 아! 정말 외로움과 고독은 완전히 반대되는 개념이군요.

L목사 _ 그런 셈이지요. 고독의 시간을 제대로 가지는 사람이라면 외로움의 덫에서도 금세 벗어날 수 있어요. 지치지 않고 왕성한 사역을 잘 감당할 수 있는 내적 힘을 얻는 것은 물론이고요.

이홀로 _ 정리를 하자면 "외로움을 피하기 위해 고독을 선택하라!" 맞나요, 목사님?

L목사 _ 오! 깔끔한 정리입니다~

최외롬 _ "고독의 시간을 확보하지 못하면 외로움에 빠지게 된다!" 이건 어때요, 목사님?

L목사 _ 와~ 청출어람입니다. 두 사람 다 확실하게 '외로움과 고독'에 대해 마스터했군요. 하나님의 뜻을 분별해 낼 수 있는 좋은 도구 하나를 얻은 거예요. 오늘은 제가 커피 한 잔씩 쏠게요!

순종을 위한 브레이크

얼마 전 있었던 교회의 큰 행사, 전교인체육대회가 은혜롭게 끝났다. 이 행사를 위해 한 달 동안 성실히 준비했던 L목사. 한편으로는 무사히 큰일을 치르게 되어서 감사했지만 바쁜 일정 때문에 몸과 마음이 많이 지친 상태이다. 늘 하나님의 뜻을 알기 위해서는 '침묵과 고독'이 중요하다고 강조했던 그였다. 자신을 돌아보며 깊이 반성하고 있는 중에 체육대회 준비위원장으로 수고했던 유준비 장로가 찾아왔다.

유준비 _ 목사님, 많이 피곤해보이세요.

L목사 _ 유 장로님도 만만치 않네요. 건강은 괜찮으신거죠?

유준비 _ 체육대회가 잘 끝나서 마음은 은혜 충만한데 몸은 좀 피곤한 게 사실이에요.

L목사 _ 힘내세요, 장로님! 무엇보다 은혜롭게 큰 행사가 끝나서 참 감사하네요. 체육대회준비를 위해 한 달 동안 성실히 준비했던 장로님과 준비팀원들 모습을 보면서 얼마나 감사했는지 몰라요.

유준비 _ 네, 맞아요. 그런데…. 한편으로는 무사히 큰일을 치르게 되어서 감사했지만 바쁜 일정 때문에 몸과 마음이 많이 지친 상태의 우리 팀원들을 보며 안타까운 마음도 들었어요.

L목사 _ 귀한 마음입니다. 체육대회 같은 '일'도 중요하지만 적절한 '쉼'도 중요하지요. 둘 사이의 균형이 있을 때 더욱 역동적으로 사역을 할 수 있어요. 그래서 제가 강조하는 것이 '속도 늦추는 삶'이지요.

유준비 _ 속도 늦추는 삶이라고요?

L목사 _ 네, 맞아요. 늘 급한 일로 쫓기는 일상생활 속에서 속도

를 늦추며 살아간다는 것은 쉬운 일이 아니긴 해요.

유준비 _ 목사님, 말씀이야 쉽지만…. 매일 새벽같이 일어나 잠이 덜 깬 몽롱한 상태로 출근해야 하고, 아침도 거를 정도로 시간에 쫓겨야 하며, 콩나물시루 같은 지하철과 만원버스에 시달려야 하는 저희 같은 직장인이 속도를 늦추며 살아갈 수 있을까요? 쉴 새 없이 쏟아지는 업무로 사람들과 실랑이를 벌이고 나면 몸은 녹초가 되고, 밀려오는 쉼에 대한 육신의 욕구에 묵상과 기도는 엄두조차 내지 못하는 게 사실이거든요.

L목사 _ 이해합니다. 하지만 이렇게 급한 일을 처리하느라 바쁘다 보면 '현재'를 경험하지 못하게 되는 경우가 잦아요. 우리는 뒤처질까 두려워 과거에서 미래로 황급히 달려가지요. 현재의 순간은 우리가 해낸 일(과거)과 아직도 해야 할 일(미래) 사이에 있는 틈새에 불과한 것 같습니다. 사실상 우리는 가장 중요한 현재를 놓치고 있어요. 우리가 서두른다고 미래에 더 빨리 도달할 수 있는 것도 아니고, 더 나은 사람이 되는 것도 아닌데 말입니다. '속도 늦추기'는 결과만 따지는 세상, 행동하지 않으면 진다고 부추기는 사회, 계속해서 일하게 만드는 우리 문화의 지령에 대항하는 삶의 방식입니다. 현재의 순간에서 살 수 있게 도와달라고 하나님께 구해야 해요.

유준비 _ 현재의 순간에서 살 수 있게 해달라….

L목사 _ 현재의 순간은 우리가 살아야 하는 유일한 순간이기 때문이에요. 그 순간이 지금 여기에 있으며, 그 순간은 결코 다시 오지 않습니다. 심리학자 아치발트 하트는 "서두르는 사람은 결코 회복을 위해 보낼 시간의 여유가 없다. 그들에게는 문제를 균형 있게 바라볼 수 있도록 묵상하고 기도할 마음의 여유가 없다. 간단히 말해서 우리 세대의 사람들은 우리 몸이 감당할 수 있는 것보다 훨씬 더 빠른 속도로 살아가기 때문에 심리적 분열의 징후를 보인다"라고 말한 바 있어요. 주지하다시피 우리는 하루 24시간, 일주일에 7일을 일하도록 창조되지 않았어요. 우리에게는 분명한 한계가 있습니다. 우리의 시간과 에너지는 유한해요. 그런데 마치 유한하지 않은 양 산다면 그것은 자기기만일 뿐만 아니라 파괴적인 삶일 수 있어요. 우리는 모든 것에 "예"라고 말할 수 없거든요. 우리는 모든 곳을 다 돌아다니고 모든 사람을 다 만날 수 없어요. 우리는 다 가질 수도 없습니다. 우리는 어디에나 반드시 있어야 하는 그런 존재가 아니거든요. 우리는 분명 쉼이 필요한 존재랍니다. 그것은 결코 나쁜 일이 아니며 죄악도 아니에요. 하나님이 우리를 그렇게 만드셨기 때문이죠. 하나님은 우리를 하나님의 형상대로 만드셨습니다. 그분은 일하시고 난 뒤에 쉬셨습니다. 따라서 쉼은 정당한 행위이며 영적인 삶이에요.

유준비 _ 아…. 저도 모르는 사이에 쉰다는 것을 죄악시 여겼던 것 같아요. 쉼이 정당하며 영적인 삶이었다니….

L목사 _ 쉼은 우리가 쉬는 동안에도 모든 것을 돌보시는 하나님께 복종하고 의존하는 행위이기에 참으로 신앙적인 삶입니다. 실용주의와 무한경쟁의 시대를 살고 있는 우리에게 '쉬어 가는 삶', 혹은 '속도 늦추는 삶'이란 급진적인 행위라 할 수 있어요. 서두름과 바쁨은 우리 교회가 사역하는 방식에도 나쁜 영향을 미칠 수 있습니다. 편의성과 능률, 그리고 신속한 결과를 얻고자 하는 욕망이 느리고 수고로운 영적 성장보다 우선시 될 수 있기 때문이지요.

유준비 _ 그런 것 같아요. 성장은 언제나 시간이 걸리는 일이잖아요. 다윗과 모세에게 침묵과 고독의 광야시간이 필요했던 것처럼 성숙한 제자도는 언제나 오랜 세월을 담보로 하는 것이라 배웠어요. 예수님은 미성숙한 제자들이 성장할 때까지 오래 참고 기다리셨잖아요.

L목사 _ 맞아요. 신학자이자 인문학자인 달라스 윌라드는 "예수님은 사람들의 삶을 위한 자신의 사역이 긴급하다고 보셨다. 하지만 인내심을 가지고 그 일을 천천히 추진하셨다"라고 이야기했어요.

유준비 _ 음…. 긴급함과 인내심이라는 두 단어는 사실 양립할 수 없는 단어처럼 보이는데요.

L목사 _ 하하, 그렇게 느껴지지요? 하지만 그리스도인의 영적 여정에서는 긴급함과 인내심, 이 두 단어가 반드시 함께 가야합니다. 균형이 필요하지요. 우리에게는 긴급하지만 인내심을 가지고 속도를 늦추어야만 하는 일이 굉장히 많아요. 서두름, 성급함에 중독되어 있다면 반드시 점검해야겠지요. 하루 중 힘겨운 시간을 지나기 위해 아드레날린이나 카페인에 의존하고 있다면 그것도 체크해야 하고요.

유준비 _ 이런! 해야 할 일이 산더미처럼 쌓일 때면 커피를 몇 잔씩 마시며 급하게 일 하곤 했는데…. 정말 뜨끔하네요. 이제부터 하나님의 음성을 듣고, 그분의 뜻을 분별하기 위해 지금 당장 필요한 것이 '보다 느린 삶의 속도' 임을 꼭 기억하겠습니다.

L목사 _ 네, 장로님. 저도 이런 말씀을 드리면서도 그렇게 살지 못할 때가 자주 있어요. 장로님 덕분에 제 자신을 돌아보게 되네요. 함께 '보다 느린 삶의 속도'를 위해 노력하도록 해요.

유준비 _ 네, 목사님. 감사합니다.

속도 늦추는 삶을 위한
L목사의 7가지 제안

1. 일상의 시간 가운데 '작은 고독의 시간'(little solitude)을 만들어보라.

   허겁지겁 하루를 시작하기보다 아침에 샤워를 할 때부터 침묵의 시간을 가져보라. 하나님이 주시는 하루를 감사하며 "내 영혼을 이처럼 깨끗하게 하여주옵소서"라고 기도한다. 자동차를 운전할 때 라디오나 CD를 끄고 성령의 음성에 귀를 기울여보자. 교통 체증의 시간을 즐기라. 오히려 이때가 하나님 앞에서 잠잠히 참고 기다리는 침묵의 영성을 훈련하는 절호의 기회가 될 수 있다. 가게에서 물건을 사기 위해 줄을 설 때도 마찬가지다. 잠을 자기 전 베개에 머리를 기대어 하나님이 오늘 어떻게 나에게 말씀하셨으며 역사하셨는지를 천천히 묵상하는 시간으로 하루를 마무리하자.

2. 하루 중 혼자만의 티타임을 가져보라.

   바쁜 일상의 삶 가운데 휴식시간을 친구와 잡담을 하거나 스마트폰으로 시간낭비하지 말자. 짧은 시간이라도 좋으니 시끄러운 장소를 피해 커피나 차를 마시며 주님과의 일대일 데이트를 즐겨보자. 바쁜 직장인의 경우 빨리 점심식사를 마치고 회사 옥상의 작은 화단에서 캔커피를 마시며 주님과 조용한 대화를 나누는 것도 좋다.

3. 침묵의 시간을 갖기 위해 약간 빨리 일어나보라.

한국인에게 가장 바쁜 시간은 바로 아침시간일 것이다. 빨리 등교해야 하고, 빨리 출근하는 사람들로 도심은 북새통이다. 매일은 어렵더라도 평소보다 약간 빨리 일어나 하루를 시작하는 요일을 정해보자. 예를 들어 매일 아침 7시에 일어난다면 매주 수요일은 6시에 일어나보라(물론 화요일 밤은 일찍 잠자리에 들어야 한다). 이른 기상시간이 주는 혜택이 많을 것이다. 그 여유분의 시간을 침묵과 고독의 훈련장으로 사용하자. 평소보다 더 깊은 큐티와 침묵기도로 주님 앞에 나아가보자.

4. 10분 침묵부터 시작해보라.

우선 당신만의 조용한 장소에서 10분간의 침묵을 연습해보라. 큐티를 정기적으로 하는 사람은 큐티시간의 마지막 10분을 침묵으로 마무리하는 것이 좋다. 처음에는 10분이 생각보다 길게 느껴질 것이다. 그래서 자꾸만 시계를 보게 될 때가 있는데, 그러면 침묵의 효과는 반감될 것이다. 이때 알람시계나 타이머를 맞춰놓으면 좋다. 고요함에 익숙해질 때까지 꾸준히 연습해보라. 의도적으로 자신을 하나님의 임재 가운데 놓고 잠잠해져라. 연습 초기에는 다른 사람의 음성, 자동차 소리, 자신의 숨소리, 시계 초침 소리, 심장 박동 소리, 여러 가지 잡념으로 혼란스러울 수 있다. 하지만 계속해서 고요함이 깊어지도록 노력해보라. 이런 연습을 하루 중 여러 차례 반복해보면 조금씩 침묵과 고독이 우리에게 왜 필요한지 깨닫게 될 것이고, 삶의 열매로 서서히 드러나게 될 것이다.

5. 모든 소음을 제거하라.

업무나 공부를 하면서 배경 소음이 될 만한 것은 다 꺼버리고, 자신의 일을 하나님께 드리면서 그 일을 계속해보라. 그럴 만한 환경이 안 된다면 휴대용 귀마개를 사용하는 것도 좋다. 음악을 좋아한다면 유튜브에 '묵상음악' 혹은 '기도음악'으로 검색하면 수백 개에 달하는 조용한 배경음악 스트리밍 서비스를 받을 수 있다. 자신만의 방법을 사용해서 현재에 충실하며 하나님의 음성을 듣는 마음으로 일을 해보라.

6. 일과 일 사이에 반드시 쉬는 시간(break time)을 가지라.

공부를 하든지 중요한 업무를 보든지 간에 일과 일 사이에 반드시 쉬는 시간을 10~15분 정도 갖는 원칙을 세우자. 정신없이 살아가다가도 이 쉬는 시간만큼은 하나님의 임재를 누리고 경험하는 침묵의 시간으로 활용하자. 쉬는 시간만큼은 다음 처리해야 할 일에 대해 걱정하지도, 염려하지도 말라. 일의 능률도 훨씬 좋아지게 될 것이다.

7. 개인적인 리트릿(Retreat, 피정) 시간을 가지라.

주말이나 공휴일을 이용해 개인적인 침묵, 즉 리트릿 시간을 가져보라. 한적한 시골이나 공원을 찾아가도 좋고, 홀로 기도할 수 있는 수양관도 좋다. 일상과 업무와 공부 등 해야 할 많은 일을 떠나 성경책 하나만 들고 근처 카페로 가서 반나절을 침묵의 피정시간으로 가져보라.

갈림길 앞의 이정표

금요기도회 후 찬양팀 리더로 섬기고 있는 어묵현과 L목사는 갑자기 배가 출출해졌다. 근처 분식점에 들러 따뜻한 어묵 국물과 떡볶이 한 접시를 먹자는 데 의견일치를 본 두 사람은 발걸음을 재촉했다. 다른 것은 몰라도 먹는 것에는 항상 빠른 두 사람이다.

어묵현 _ 후루룩, 아~ 맛있어. 목사님, 아까 기도회 시간에 설교하셨던 '기도'에 대해서 궁금한 것이 많아요. 하나님의 뜻을 분별하기 위해 기도하는 것의 중요성은 알겠는데, 제가 궁금한 것은 '적절한 기도의 때는 언제인가?' 하는 질문이거든요.

L목사 _ 묵현 형제, 뭐 먹을 때는 개도 안 건드린다고 했어요. 떡볶이 먹을 때 너무 경건한 이야기를 하면 체합니다.

어묵현 _ 하하하! 네, 저도 이해합니다. 근데 너무 궁금해서요.

L목사 _ 음~ 오늘 떡볶이 맛이 너무 좋군요.

어묵현 _ ㅋㅋㅋ 목싸님~

L목사 _ 기도의 때라…. 우선 성경에 나오는 우리 예수님의 기도생활을 보면 예수님은 기도하시기 위해 '새벽'을 선택하셨어요. 마가복음 1장 35절에 보면 동이 트기 전 이른 아침에 일어나 한적한 곳으로 가시어 기도하셨다고 기록되어 있어요.

어묵현 _ 음, 새벽기도…. 근데 예수님은 왜 새벽기도를 하셨을까요? 그게 궁금해요.

L목사 _ 마가복음 1장을 보면 많은 사역으로 분주한 일상 가운데 계셨던 예수님은 아무에게도 방해받지 않고 하나님께 기도할 수 있는 가장 적절한 시간으로 새벽시간을 택하셨어요. 예수님의 이런 모범을 따라 기독교 역사 가운데 수많은 믿음의 사람이 새벽과 아침을

기도시간으로 활용했답니다. 토레이 박사는 성도들에게 이른 아침 시간을 주님께 먼저 드리라고 도전하며 이렇게 말했지요. "그리스도를 위해 삶을 잘 이용하려는 하나님의 자녀라면 누구든지 하나님과 만나기 위해 그날의 첫째 시간을 말씀 공부나 기도하는 데 따로 떼어 놓아야 한다. 매일 우리가 해야 할 첫째 일은 홀로 하나님께 나아가 그날에 있을 의무와 유혹과 봉사의 일들을 생각해보고, 모든 일을 위해 하나님께로부터 힘을 얻어야 한다. 우리는 시험, 유혹의 시간이 오기 전에 승리를 얻어야 한다. 은밀한 기도의 장소는 싸워서 승리를 얻는 장소이기 때문이다."

어묵현 _ 네, 그렇군요. 알긴 알겠는데…. 사실 새벽에 일찍 일어난다는 게 쉽지는 않아요.

L목사 _ 쉽지 않은 것, 저도 이해해요. 그런데 저는 청년들에게 자주 이렇게 이야기합니다. "청년의 때에 주님께 드릴 수 있는 헌신은 밤에 일찍 자는 것이다"라고요.

어묵현 _ 네? 그게 무슨 말씀이세요?

L목사 _ 보통 청년들의 패턴을 보면 늦게 귀가 하더라도 빨리 잠자리에 들지 않는 경우가 많더라고요. 씻고 나서 바로 잠을 자지 않

고, 그 사이 1~2시간을 TV나 인터넷, 스마트폰으로 시간을 보내는 경우가 많아요. 그 시간만큼은 방해받고 싶지 않다는 뜻이지요. 그런데 그러다 보면 새벽을 깨우기가 힘들어져요.

어묵현 _ 아, 맞아요. 샤워하고 나서 어영부영 1~2시간을 보내고, 요즘은 침대에 누워서 스마트폰으로 인스타그램이나 페이스북을 하곤 하는데 30분이 훌쩍 지나가버려요. 그러다 잠들면 다음날 아침에 일찍 일어나기가 너무 어렵더라고요. 새벽기도는 물론이고, 큐티할 시간도 없이 허둥지둥 출근하기 바빠요.

L목사 _ 이에 관해서 존 파이퍼 목사님이 아주 유명한 말씀을 하셨어요. "바쁜 현대인들이 기도할 시간이 없다고 말한다. 하지만 그들이 SNS에 할애하는 모습을 보면 나는 그 말이 전혀 이해가 되지 않는다."

어묵현 _ 아…. 정말 부끄러워지는군요.

L목사 _ 오늘 밤부터라도 씻고 나서 바로 잠자리에 들도록 하세요. 일찍 자는 것이 주님께 드리는 헌신이랍니다~

어묵현 _ 근데 예수님은 밤에도 기도하셨던 걸로 아는데요?

L목사 _ 맞아요. 누가복음 6장 12절을 보면 예수님은 기도로 온 밤을 새우셨어요.

어묵현 _ 그야말로 '철야 예배'를 하신 거네요.

L목사 _ 저는 예수님의 철야기도 장면을 읽을 때면 하나님의 아들이신 예수님도 온 밤을 새워 간절히 기도한 때가 있었다는 사실에 놀라곤 해요. 충분한 기도시간을 가져본 경험도 없이 언제나 나약한 상태로 살아가는 그리스도인이 너무 많은 이때에 "하나님께 더 깊이 나아가기 위해 오늘 밤은 온전히 떼어 놓아야겠다. 필요하다면, 그리고 하나님이 인도하시면 난 온 밤을 새워 기도할거야"라고 다짐하는 성도가 요즘 같은 시대에 필요하지 않나 싶어요.

어묵현 _ 네, 맞아요. 저는 회사에서나 버스를 타고 다니면서 하는 '생활기도'가 더 중요하다고 생각했는데…. 저의 영적 근육이 점점 약해지는 것 같더라고요. '기도생활'이 부족하면 '생활기도'도 약해질 수밖에 없는 것 같아요.

L목사 _ 정말 좋은 지적입니다. 정기적인 '기도생활'이 확보된 사람만이 '생활기도'를 할 수 있지요. 역시 맛있는 걸 먹으니 은혜로운 단어가 술술 나오네요~

어묵현 _ 하하하, 목사님…. 그런데 제가 이번에 중요한 기도제목을 응답받으려 하고 있어요. 이번에 이직을 준비하고 있는데, 어떤 회사로 가야할지 하나님의 뜻도 물으며 기도해야 하고, 결혼도 해야 하고, 가족의 구원문제도 있고….

L목사 _ 네, 저도 함께 기도할게요. 이런 기회를 잘 사용하여 기도하면 좋지요. 예수님도 공생애 사역의 중요한 갈림길과 선택의 기로에서 언제나 기도하셨어요. 주님은 열두 제자를 택하시기 전에 기도하셨어요. 첫 번째 설교로 산상수훈을 말씀하시기 전, 전도여행을 떠나시기 전에도 기도하셨고요. 세례를 받고 공적 사역에 들어가시기 전, 열두 제자에게 자신의 임박한 죽음을 말씀하시기 전, 그리고 십자가에 못 박히시기 전에도 기도하셨답니다. 예수님은 중요한 삶의 분기점 앞에서 언제나 오랜 시간 기도로 준비하셨지요. 우리도 인생의 중요한 기로에 서야만 할 때가 있는데 그때마다 특정한 기간을 정해 놓고 작정기도를 하는 것이 좋아요. 정해진 날까지 금식기도하면서 중요한 분기점을 맞이하는 것도 좋은 방편이 됩니다. "주님, 저의 지혜만으로 제 앞길을 헤쳐 나갈 수 없습니다. 주님의 인도하심이 필요합니다. 나의 앞길을 주님께 맡겨드립니다"라고 겸손히 고백하고, 하나님의 도움을 요청하는 삶을 사는 이에게 하나님이 왜 은혜를 주시지 않겠습니까?

어묵현 _ 아…. 예수님도 그렇게 사셨군요. 저도 일주일 동안 아침 금식을 작정했거든요. 중요한 이슈 앞에서 항상 기도하는 삶, 기억하겠습니다.

L목사 _ 그런데 예수님은 중요한 분기점 앞에서도 기도하셨지만 큰 사건이나 상황이 종료된 후에도 여전히 기도하셨어요.

어묵현 _ 네? 정말요?

L목사 _ 주님은 떡 다섯 개와 물고기 두 마리로 오천 명을 먹이시고, 무리가 몰려와 당신을 임금으로 삼으려 했을 때도 그들을 피해 다시 혼자 산으로 올라가 하나님께 수시간 동안 기도하셨어요(마 14:23, 요 6:15). 위대한 기적을 이룬 이후에도 한결같이 기도하는 삶, 이것이 예수님께서 계속해서 승리의 삶을 사실 수 있었던 비결이랍니다.

어묵현 _ 그렇군요. 대부분의 사람들은 삶의 큰 사건 이후보다 그 전에 기도를 더 많이 하잖아요. 중요한 상황이 끝난 후에는 긴장을 풀어버리고 기도의 삶을 게을리 하는 경우가 많은데….

L목사 _ 맞습니다. 다급할 때는 하나님의 손을 꼭 붙잡지만 상황

이 종료된 후에는 슬그머니 그 손을 놓아버리는 게 우리의 모습이지요. 그렇게 되면 주님의 이름으로 이룬 일로 인해 쉽게 교만해져서 더 이상 영적 성장을 맛보지 못하게 되지요. 기도를 통해 응답받은 일로 인해 하나님께 영광을 돌리지 않고, 오히려 자화자찬하며 자신을 높이게 될 때 사울 왕처럼 버림받게 된답니다. 반면에 삶의 큰 성취 뒤에도 여전히 기도하는 일에 매진한다면 계속해서 보다 더 큰 성취를 얻게 돼요.

어묵현 _ 아~ 멋지군요. 중요한 기도를 응답받은 이후, 자칫 자만이 몰려올 시점에도 여전히 기도의 삶을 살아가는 사람이 되어야겠군요. 제가 이번에 세운 작정 금식기도 기간 이후에도 계속되는 기도생활, 제 인생의 목표로 삼겠습니다!

"위대한 기적을 이룬 이후에도 한결같이
기도하는 삶, 이것이 예수님께서 계속해서
승리의 삶을 사실 수 있었던 비결이랍니다."

욕구를 내려놓는 기회

어묵현 형제와 기도의 삶에 대해 이야기를 나눈 것도 좋았
지만 어묵과 떡볶이를 맛있게 먹었다는 사실에 나름 만족하고 있던
L목사. 갑자기 어묵현 형제가 금식기도를 작정했다는 말이 머리에
맴돌았다. 무턱대고 하나님께 "응답해주세요"라고 떼쓰며 금식기
도를 하려는 건 아닐까 걱정이 되었다. 밤이 늦었지만 이 기회에 올
바른 금식기도가 무엇인지 알려주어야겠다는 생각을 했다. L목사
는 빠른 속도로 키보드를 두드리며 이메일을 쓰기 시작한다.

주 안에서 사랑하는 묵현 형제에게

맛있는 간식과 의미 있는 대화로 너무 감사한 밤이었어요. 금식기도를 작정했다고 말했지요? 존 웨슬리 목사는 "금식하지 않은 사람은 한 번도 기도해본 적이 없는 사람과 마찬가지다"라고 말하며 스스로 매주 수요일과 금요일에 금식할 정도로 강조했어요. 그는 금식을 통해 자신의 모습을 돌아보며 더욱 진지하게 회개하며 돌이킬 수 있었다고 고백했고, 기도의 깊이와 풍성함에 있어서도 금식이 굉장한 도움을 주었다고 말했답니다. 또한 금식을 통해 남겨진 식량이나 아껴진 돈으로 가난한 이들을 돕기도 했고요. 금식기도의 귀한 결단을 응원합니다. 다만 금식에 앞서 제가 몇 가지 조언 드릴 게 있어서 메일을 보냅니다.

금식은 수천 년간 내려 온 기독교의 전통적인 영성훈련 가운데 하나였어요. 금식이란 기도를 하면서 전심으로 하나님께 집중하며 그분께만 주의를 기울이고자 정상적인 생활에서 필수적인 것들을 스스로 삼가는 행위라 할 수 있습니다. 집착과 욕망을 표면으로 드러나게 하는 것이 기도를 위한 공간을 마련해줄 수 있기 때문이에요. 이런 육체적인 비움에 대한 자각은 유일한 만족이 되시는 주님을 기억하게끔 해줍니다. 그래서 우리는 금식을 통해 "사람이 떡으로만 살 것이 아니요"라고 말씀하셨던 주님의 명령에 순종하는 법을 비로소 실제적으로 배울 수 있어요.

사실 금식은 현대인에게는 친숙한 단어인 '다이어트'와도 비슷한 면이 있습니다. 둘 다 음식을 절제한다는 데 공통점이 있습니다. 다이어트가 육체적인 건강과 날씬한 몸매를 가꾸기 위한 중요한 요소인 것처럼 금식도 그리스도인의 영적 건강을 위한 필수훈련 요소라 할 수 있습니다. 하지만 다이어트와는 달리 현대 기독교인에게 금식이라는 용어가 인기 있는 것처럼 보이진 않네요. 그럼에도 불구하고 분명한 것은 바울이 디모데에게 말한 바와 같이 금식과 같은 영적 훈련이 다이어트보다 훨씬 더 유익하다는 것입니다. "육체의 연단(physical training)은 약간의 유익이 있으나 경건은 범사에 유익하니 금생과 내생에 약속이 있느니라"(딤전 4:8).

구약시대의 성도들은 슬픔의 때나 국가적인 회개의 날에 금식을 했습니다. 이들은 하나님의 구원이 필요할 때, 나라를 지킬 수 있도록 하나님의 자비를 구할 때, 그리고 하나님으로부터 임하는 말씀이 필요할 때 금식했습니다(삼상 7:6, 느 1:4, 욜 1:14). 신약의 교회는 때때로 하나님의 뜻을 구할 때나 하나님

나라의 사역을 신실하게 수행하기 위해 은혜와 능력을 얻기 위해 금식했습니다.

다윗은 자신을 겸손히 내려놓기 위해 금식했고(시 35:13), 때로는 자신의 죄를 회개하면서 금식기도를 하기도 했습니다(삼하 12:16). 여호사밧은 금식을 통해 전쟁에서 승리할 수 있었고(대하 20:1-30), 에스라는 금식기도를 통해 평탄한 길을 얻을 수 있었습니다(스 8:21-24). 금식을 통해 에스더는 재앙을 승리로 바꿀 수 있었고, 니느웨 성은 심판을 면할 수 있었습니다. 바울은 다메섹에서 회심한 후 하나님의 뜻을 기다리며 금식으로 3일을 보내기도 했습니다(행 9:9).

예수님은 금식에 대해 가르치셨을 뿐 아니라(마 6:16-18) 직접 금식의 모델을 보여주기도 하셨습니다. 예수님은 공생애 사역을 시작하시기 전 40일간 금식하셨습니다. 예수님은 금식을 마치신 후 성령의 권능을 덧입었고, 그 힘을 가지고 갈릴리에 돌아가 사역을 시작하셨습니다(눅 4:14). 예수님에게 있어서 금식기도는 공생애 사역의 첫 번째 관문이었던 셈입니다.

오랜 기독교 전통에서 금식은 특별한 예전적 절기를 맞이하는 중요한 준비로 여겨져 왔습니다. 특별히 사순절(부활절 이전 주일을 제외한 40일 동안)기간 동안 교회는 금식하며 예수님의 고난에 동참하며 그분의 구원하심을 감사하고 묵상하는 시간을 가져왔습니다. 그뿐만 아니라 수많은 성도가 중요한 삶의 문제 앞에서 하나님의 뜻을 구할 때나 어려운 고난을 이기기 위한 능력을 얻기 위해 금식기도를 했습니다. 자신의 죄를 깨닫고 하나님 앞에서 겸비한 삶을 살기 위해 금식하기도 하고, 일상적인 경건의 훈련을 위해서 정기적으로 금식기도를 행하기도 했습니다. 하지만 이러한 좋은 전통에도 불구하고 금식이 오용되거나 남용될 가능성도 배제할 수 없습니다.

금식이라는 단어에 어떤 사람은 마하트마 간디가 행했던 것처럼 비폭력적 저항을 위한 효과적인 수단을 떠올리는 경우가 있습니다. 사실 과거 군사정권 시절만 해도 한국의 정치인 중에는 단식투쟁을 통해 자신의 의지를 관철하려는 모습이 자주 있었습니다. 물론 이들의 금식과 기독교의 금식은 근본적인 차이가 있지만 간과하지 못하는 유사점도 찾아볼 수 있습니다. 그 유사점은 바로 금식 기도자의 동기가 잘못 되었을 때 발견됩니다. 우리 중 많은 이는 자신의 뜻을 관철시키기 위해 금식기도를 행합니다. 이들은 금식을 통해 자신의 뜻을 이루고 하나님을 마술처럼 조종하려는 마음을 품습니다. 그래서 자신의 뜻대로 일의 결국이 이루어질 때까지 투쟁하듯 금식기도를 하는 사람이 종종 있습니다. 우리의 계획에 하나님을 끌어들여 동업자로 삼으려는 이러한 금식의 태도는 분명 잘못된 행위입니다.

금식은 하나님을 설득하는 수단이 아니기 때문입니다.

성경은 잘못된 동기나 잘못된 자세로 하는 금식에 대해 여러 가지로 경고하고 있습니다. 하나님이 원하시는 대로 금식에 합당한 삶의 준비가 되어 있지 않을 때 그 금식은 아무런 효력이 없을 뿐만 아니라 재앙을 불러일으킬 수 있기 때문입니다(사 58:3-7). 진정 하나님이 기뻐하시는 금식은 단순히 음식을 먹지 않는 것, 육체적 고행을 행하는 것이 아닙니다. 금식에 걸맞은 삶, 즉 공의와 정의를 행하며 연약하고 가난한 자에게 사랑과 자비를 베푸는 삶이 우선시 되어야 하기 때문입니다. 사실 금식은 겉모습의 문제가 아닙니다. 외형적인 의미에서의 금식은 사람을 경건하거나 거룩하게 만들어주지 않을 뿐 아니라 하나님으로부터 인정받지도 못합니다(마 6:16, 눅 18:9-14). 오히려 형식적인 금식 행위는 겉과 속이 다른 외식적인 종교인을 만들어낼 수 있는 위험성이 있습니다.

그럼에도 불구하고 금식을 통해 우리는 일상적인 예배와 기도의 습관을 훨씬 뛰어 넘는 방법으로 하나님을 만날 수 있습니다. 금식을 통해 다시 한번 자신을 비우고, 깨끗하게 하며, 마음을 활짝 열고, 전심으로 하나님의 은혜를 찾게 됩니다. 금식하는 동안 우리는 일대일로 하나님을 대면하려 노력합니다. 먹고 마시고, 즐기고 쇼핑하며, 텔레비전 시청과 인터넷 서핑을 위해 사용했을 시간과 에너지를 하나님께 바치게 됩니다. 로이드 존스 목사님은 "금식의 가치는 금식을 하는 사람이 어떠한 문제에 관심을 총집중시킬 수 있게 하는 데 있다"라고 말씀하셨지요.

금식은 욕구를 내려놓을 수 있는 기회입니다. 그 욕구에는 식욕뿐만 아니라 현대인의 마음을 사로잡고 있는 미디어나 놀이, 스포츠와 쇼핑에 대한 욕구도 포함되어 있습니다. 물론 식욕을 포함한 여러 가지 욕구는 하나님이 주신 복입니다. 하지만 그것이 과도할 때는 죄가 됩니다. 때로는 더 소중한 영적인 욕구를 위해 잠시 잠깐 절제하는 것이 필요합니다. 금식은 그런 의미에서 소중한 영적 훈련이 될 수 있습니다. Better를 위해 Good를 포기하거나, Best를 위해 Better를 잠시 유보하는 방법을 익히는 지혜가 필요합니다. 금식을 통해 우리는 작은 자기 부인의 훈련을 하는 것입니다. 자기 자신을 부인하는 법을 모르는 사람은 결코 예수님을 따를 수 없기 때문입니다 (마 16:24).

자, 이제 실제적인 금식을 위한 몇 가지 방법을 가르쳐드릴게요. 처음부터 무리한 금식 계획을 잡을 필요는 없습니다. 천리 길도 한걸음부터니까요.

Q. 금식이 난생 처음이에요. 어떻게 시작하면 좋을까요?

A. 일주일에 하루를 정해 한 끼 금식부터 하세요. 보통 식사하는 데 사용하던 시간을 하나님과 지내보세요. 배가 꼬르륵 거릴 때 잠시 자신의 빈 육체로부터 눈을 돌려 "하나님의 입으로부터 나오는 모든 말씀"(마 4:4)의 중요성을 생각해보세요.

Q. 아플 때나 금식하기 어려운 상황에서는 어떻게 하나요?

A. 몸이 아플 때나 여행 중, 혹은 임신 중이나 수유 중에는 금식을 자제하세요. 당뇨, 간질환, 위궤양 등 건강에 이상이 있는 사람도 무리해서 금식해서는 안 됩니다. 상식을 넘어서 과도하게 금식하는 것은 지혜로운 행동이 아닙니다.

Q. 중요한 결정을 앞두고 있습니다. 금식기도를 통해 응답받고 싶어요.

A. 중요한 결정에 앞서 하나님의 뜻을 묻는 것은 참으로 귀한 모습입니다. 하지만 본인의 마음속에 있는 동기를 자세히 살펴보는 것이 우선입니다. 급한 일에 쫓기고 있거나 어떤 결정을 앞두고 빨리 응답을 받으려고 무리하게 금식하지 않는 것이 좋습니다. 금식은 하나님을 조정하는 마술이 아니기 때문입니다. 하지만 우리 대부분의 기도가 그렇듯 기도하다 보면

하나님이 우리의 동기를 온전하게 해주실 때가 있습니다. 금식기도를 하되 잘못된 동기에서 비롯된 것은 아닌지 항상 점검이 필요합니다. 무엇보다 하나님이 금식하라고 신호를 보내시는지 귀를 기울이는 자세가 중요하겠지요.

Q. 금식의 기간은 어느 정도가 좋을까요?
A. 금식이 처음이라면 한 끼 금식도 의미가 있습니다. 내가 보통 식사하는 데 사용하던 시간을 하나님과 함께 보내면 됩니다. 차츰 익숙해진다면 좀 더 긴 금식을 시도해보십시오. 하지만 도움을 받지 않은 채 너무 긴 금식을 시도해서는 안 됩니다. 무리하게 금식하다가 생명이 위험해지는 경우가 종종 있습니다. 금식기간 동안에는 항상 물을 충분히 섭취해야 합니다.

Q. 정기적인 금식도 필요할까요?
A. 규칙적이고 정기적인 금식은 영성훈련에 많은 도움을 가져옵니다. 하지만 정기적인 금식을 하기로 했다면 새로운 식사 리듬에 몸이 적응할 수 있는 시간을 고려해야 하고, 금식일에는 활동적인 일을 삼가는 지혜가 필요합니다. 금식을 하게 되면 입 냄새가 나게 되므로 사람들과 대화를 나누기 전에 주의해야 합니다. 미디어에 현저히 노출되어 있는 현대인에게는

한 달에 하루나 이틀 동안 미디어 금식을 시도해보는 것이 좋습니다. TV 시청, 스포츠, 쇼핑이나 컴퓨터 사용에 대해 금식을 정기적으로 선포해보십시오.

Q. 금식 후에 주의사항이 있나요?
A. 금식한 끼니만큼 죽 같은 보호식을 먹는 것도 잊지 말아야 합니다. 맵고 짠 음식은 금식으로 인해 약해진 소화기관에 자극을 주게 됩니다. 또한 금식 후 폭식을 주의해야 합니다. 미디어 금식을 끝낸 이후에도 마치 감옥에서 탈출한 듯 TV나 영화, 인터넷에 과도하게 자신을 노출시키는 것도 유익하지 못합니다.

묵현 형제님, 중대한 선택의 기로 앞에서 금식기도를 결정한 것, 참으로 귀합니다. 하나님이 기뻐하실 거예요. 하지만 하나님은 금식기도라는 형식보다 묵현 형제의 마음을 더 살피신다는 사실을 잊지 마세요. 사모하는 영혼을 만족하게 하실 주님을 기대하며 기도합니다. 제가 좋아하는 존 파이퍼 목사님의 말씀을 전해드리며 글을 맺습니다. "금식하지 않는다는 것은 우리가 그리스도 없이도 만족하고 있음을 의미하는 것이다."

분별력을
흐리게 하는 것들

무관심 속에 자라는
타협의 태도

타협은 무관심 속에서 서서히 자라나는
독버섯이다 _ 찰스 스탠리

교회 내에서도 겸손하고 온유하기로 소문난 우유보 집사. 청년부 부장집사로 열심히 헌신하고 있다. 하지만 중요한 결단의 순간마다 고민만 하고 망설이는 자신의 모습 때문에 자책할 때가 잦다. 특히 신앙생활의 영역에서도 우유부단한 자신의 태도를 볼 때면 괴롭다. 주일예배 후 L목사와 이런저런 이야기를 하다 용기를 내어 자신의 상태를 이야기한다.

우유보 _ 목사님, 분명하고 선명한 결단을 할 때 저는 자주 갈팡질팡하며 고민만 합니다. 특히 '이것은 분명한 하나님의 뜻이야' 라고 생각하는 영역에서도 적당히 타협하고 어물쩍 넘어가는 경우가 있어요.

L목사 _ 집사님, 정말 솔직한 고백이십니다. 사실 우리 모두는 타협이라는 함정에 한두 번씩 빠진 적이 있지요. '이 정도쯤이야…' 라고 생각하며 내 마음대로 선택할 때가 저도 가끔 있습니다.

우유보 _ 그게 한두 번이면 모르겠는데 계속 반복되다 보면 이게 하나님의 뜻인지, 저게 하나님의 뜻인지도 모를 정도가 되는 것 같아요.

L목사 _ 정확한 지적이십니다. '타협'만큼 우리로 하여금 영적 분별력을 잃게 만드는 바이러스는 없다고 생각해요. 결국 이런 우유부단함이 심각한 비극의 결과를 초래하지요. 하나님의 원칙을 지키려는 결단이 무뎌지는 순간 우리는 타협하게 되고, 나도 모르는 사이에 하나님의 최선에서 한걸음씩 벗어나는 길을 걷게 됩니다.

우유보 _ 타협은 하나님이 제시하신 원칙에 순종하고자 하는 마음이 부족한 데서 시작되는 게 아닐까요? 하나님이 원치 않으시는 일을 하고자 하는 잘못된 욕구에서 비롯되기도 하는 것 같고요. 분명한 사실은 타협만큼 우리 인생을 향한 하나님의 놀라운 계획을 망치게 하는 무서운 함정은 없는 것 같아요.

L목사 _ 맞습니다. 정말 무서운 함정이지요. 사탄의 모든 속임수는 사실 '새빨간(?) 거짓말'은 아니에요. 아주 약간의 진실이 가미되어 있습니다. 오죽했으면 사탄의 별명이 '광명의 천사'겠어요. 천사는 아니지만 천사처럼 보입니다. 그래서 때때로 사탄의 속삭임에 귀를 기울이고 고개를 끄덕이고 싶을 때도 있지요.

우유보 _ 정말 그런 것 같습니다. 사탄은 흔들리는 제 마음에 언제나 "하나님의 말씀을 액면 그대로 받아들이는 것은 너무 고지식해!"라고 속삭이는 것 같아요.

L목사 _ 창세기 2~3장에서 그렇게 속삭였지요. 선악과를 먹고 말았던 아담과 하와는 타협의 함정에 빠진 대표적인 사례예요. "선악을 알게 하는 나무의 열매는 먹지 말라. 네가 먹는 날에는 반드시 죽으리라 하시니라"(창 2:17). 하나님의 말씀은 단호하고 분명했지만 사탄은 그럴싸한 거짓말을 했거든요. "너희가 결코 죽지 아니하리라. 너희가 그것을 먹는 날에는 너희 눈이 밝아져 하나님과 같이 되어 선악을 알 줄 하나님이 아심이니라"(창 3:4-5).

우유보 _ 사탄의 달콤한 속삭임에 선악과를 쳐다보니 실로 "먹음

직도 하고 보암직도 하고 지혜롭게 할 만큼 탐스럽기도 한 나무"(창
3:6)처럼 느껴졌을 것 같아요. 그래서 그만 타협하고만 거겠죠.

L목사 _ 어쩌면 그랬을 수 있겠네요. 단순하게 보였던 타협의 결
과가 얼마나 엄청난 파장을 몰고 오게 될지, 만약 아담과 하와가 미
리 알았다면 얼마나 좋았을까요? 하지만 불행히도 이들이 빠진 타
협의 함정 때문에 인류는 지금까지도 고통 가운데 있습니다.

우유보 _ 아…. 정말 생각만 해도 끔찍하네요. 저도 영적인 무관
심 속에서 조금씩 타협하며 살고 있는 것 같은데 정신 바짝 차려야
할 것 같습니다.

L목사 _ 사무엘상 13장 5~14절을 보면 타협에 관한 아주 유명
한 일화가 나와요.

우유보 _ 잠깐만요. 제가 성경을 한 번 찾아볼게요. 아…. 사울 왕
이야기군요.
"블레셋 사람들이 이스라엘과 싸우려고 모였는데 병거가 삼만
이요 마병이 육천 명이요 백성은 해변의 모래 같이 많더라. 그들이
올라와 벧아웬 동쪽 믹마스에 진 치매 이스라엘 사람들이 위급함을
보고 절박하여 굴과 수풀과 바위 틈과 은밀한 곳과 웅덩이에 숨으

며 어떤 히브리 사람들은 요단을 건너 갓과 길르앗 땅으로 가되 사울은 아직 길갈에 있고 그를 따른 모든 백성은 떨더라. 사울은 사무엘이 정한 기한대로 이레 동안을 기다렸으나 사무엘이 길갈로 오지 아니하매 백성이 사울에게서 흩어지는지라. 사울이 이르되 번제와 화목제물을 이리로 가져오라 하여 번제를 드렸더니 번제 드리기를 마치자 사무엘이 온지라. 사울이 나가 맞으며 문안하매 사무엘이 이르되 왕이 행하신 것이 무엇이냐 하니 사울이 이르되 백성은 내게서 흩어지고 당신은 정한 날 안에 오지 아니하고 블레셋 사람은 믹마스에 모였음을 내가 보았으므로 이에 내가 이르기를 블레셋 사람들이 나를 치러 길갈로 내려오겠거늘 내가 여호와께 은혜를 간구하지 못하였다 하고 부득이하여 번제를 드렸나이다 하니라. 사무엘이 사울에게 이르되 왕이 망령되이 행하였도다. 왕이 왕의 하나님 여호와께서 왕에게 내리신 명령을 지키지 아니하였도다. 그리하였더라면 여호와께서 이스라엘 위에 왕의 나라를 영원히 세우셨을 것이거늘 지금은 왕의 나라가 길지 못할 것이라. 여호와께서 왕에게 명령하신 바를 왕이 지키지 아니하였으므로 여호와께서 그의 마음에 맞는 사람을 구하여 여호와께서 그를 그의 백성의 지도자로 삼으셨느니라 하고."

　　L목사 _ 네, 이스라엘의 초대 왕 사울은 즉위 한 지 2년 만에 중요한 시험대에 서게 되지요. 그 시험은 사회적으로는 군사적 지도자

로서의 능력에 관한 것이었겠지만 하나님 앞에서는 순종하는 왕으로서의 자질에 관한 것이었어요. 안타깝게도 사울 왕은 능력 있는 사람이 되어야 한다는 강박관념 때문에 현실과 타협하는 죄를 범하게 되고 하나님께 불순종하게 됩니다.

우유보 _ 저도 "능력 있는 사람이 되어야 해"라고 스스로에게 자주 이야기하는데요. 부끄럽네요….

L목사 _ 만약 사울에게 유능한 변호사가 있었다면 이 사건을 아마도 다음과 같이 변호했겠지요.

"존경하는 재판장님. 저는 변호인으로서 피고 사울 왕의 상황을 객관적으로 이해시켜 드리고 싶습니다. 해변의 모래와 같은 블레셋 군대를 보고 겁에 질린 병사들은 숨을 곳을 찾기에 바빴고(5-6절), 일부는 요단강을 건너 도방가기까지 했습니다(7절). 게다가 사무엘은 약속한 7일이 다 되어 가는데 아직 깜깜 무소식이었습니다(8절). 사실 처음으로 출전하는 전쟁에서 제대로 한 번 싸워보지도 못한 채 패전할 처지에 놓인 상황(8절)에서 그 어느 누가 조급하지 않을 수 있겠습니까? 물론 성전(聖戰)의 규칙에 따르면 전쟁에 앞서 제사장 겸 선지자인 사무엘을 통해 제사를 드린 후 하나님의 승인을 받아야 함이 원칙입니다. 하지만 풍전등화와 같은 급박한 상황에서 임기응변을 발휘해 제사를 먼저 드린 것(9절)이 뭐가 그리 큰 문제가 되겠습니까? 피고의 말대로 이 사건은 '부득이한'(12절) 일입니다. 오히려 이것은 원칙 없는 행동이라기보다는 융통성을 발휘한 기지 있는 처사가 아닐까 생각합니다. 선처를 부탁드립니다."

우유보 _ 하지만 이런 가상으로 꾸민 변호도, 사울 자신의 변명도(12절) 아무런 소용이 없었잖아요.

L목사 _ 네, 모든 것이 하나님께 대한 불순종을 합리화하려는 인간적인 시도일 뿐이었지요. 결국 사무엘 선지자는 사울에게 "왕이 망령되이 행하였도다"고 판단했고, 그의 왕권이 계승되지 못하게 되리라는 충격적인 선고를 내렸습니다(삼상 13:13-15). 급하다고 임의대로 제사를 드리고 군대를 움직이는 것은 하나님의 주권을 침해하는 월권행위였거든요. 이처럼 타협은 우리의 예상보다 훨씬 더 무서운 결과를 초래하는 인생의 지뢰와 같습니다.

우유보 _ 인생의 지뢰라…. 밟는 순간 펑! 하고 터지는 인생의 시한폭탄과도 같다는 말씀이지요? 사실 저 역시 교회뿐만 아니라 가정이나 직장의 현실 가운데 "부득이하여 어쩔 수 없었다"는 핑계를 대며 타협하는 삶을 살고 있음을 고백할 수밖에 없네요. 그렇다면 목사님, 옳다고 믿으면서도 자꾸만 타협하는 이유는 무엇일까요?

L목사 _ 음…. 그것은 어쩌면 '의심'과 '두려움' 때문이 아닐까요?

우유보 _ 의심과 두려움이요?

L목사 _ 타협의 함정에 빠지는 가장 큰 이유는 바로 의심과 두려움 때문일 거예요. 우리의 내면에는 자주 이런 의심의 속삭임이 들립니다.
"실패하면 어쩔래?"
"상상도 하기 싫은 일이 일어나면 어떻게 할 거니?"
"하나님이 정말 너를 책임져주실까?"
"정말 믿음만으로 이 세상에서 성공할 수 있을 것 같아?"

우유보 _ 맞아요. 의심과 두려움은 정상적인 사고를 흐트러뜨리고, 믿음으로 전진하려는 힘을 완전히 빼버리는 것 같아요.

L목사 _ 오히려 우리는 타협의 함정에 빠지지 않기 위해 불안과 두려움의 그림자를 벗어버리고 이렇게 외쳐야 합니다.
"하나님이 나와 함께하셔. 주님이 나의 삶을 책임져주실 거야!"
"그분만이 나를 위한 온전한 계획을 가지고 계셔!"

우유보 _ 흠…. 믿음의 선포가 필요하단 말씀이군요.

L목사 _ 네, 그렇습니다. 타협의 함정에 빠지는 두 번째 이유를 들자면 "갈등을 피하기 위해"라고 말할 수 있겠네요. 어떤 분은 갈등을 피하기 위해 옳다고 믿는 바를 당당히 표현하지 않거든요.

우유보 _ 저도 그런 부류인 것 같기도 합니다. 모든 사람과 다투지 않고 사이좋게, 평화롭게 지내는 것이 제겐 정말 중요한 가치거든요.

L목사 _ 집사님 말씀도 맞아요. 성경은 모든 사람과 화평을 추구하라고 항상 강조합니다. 하지만 그것을 위해 진리와 타협하는 것은 우선순위가 뒤바뀐 일이에요. 갈등을 피하기 위해 타협한 가장 대표적인 인물은 본디오 빌라도인데….

우유보 _ 항상 사도신경으로 신앙을 고백할 때 등장하는 로마총독 말씀하시는 건가요?

L목사 _ 하하하. 네, 맞습니다. '타협' 때문에 2천 년이 넘도록 예배시간마다 욕을 먹는 사람이지요. 그는 대중과의 갈등을 피하기 위해 예수님의 십자가형을 허락했어요(마 27:24). 사람들의 인기와 인

정을 먹고사는 정치인으로서는 탁월한 선택처럼 보였지만 진실과
타협했던 그의 처사는 가장 어리석은 선택이었습니다. 많은 사람이
빌라도처럼 "좋은 게 좋은 거지"라고 말하면서 믿음까지 타협해버
리는 실수를 합니다. 하나됨(Unity)을 위해서 애써야 하지만 그것
때문에 순결함(Purity)을 포기할 수는 없거든요.

우유보 _ 관용과 포용의 사람이 되어야 하지만 무분별한 타협에
빠져서는 안 된다는 말씀이군요. 진리의 문제에 있어서는 더욱 단
호해야만 한다는 그 말씀 가슴에 새기겠습니다. 기도해주십시오,
목사님.

L목사 _ 집사님의 결단과 마음을 주님이 기억하시고 힘을 주실
겁니다. 기도할게요, 집사님.

Part 4
Virus

위기의 순간 찾아오는
탐욕의 마음

위기의 순간마다 타협하며 자기 합리화하지 말자.
하나님은 자신의 편이 될 자들을 애타게 찾고 계신다 _ 찰스 스펄전

청년부 부장 우유보 집사는 유명 프랜차이즈 회사의 마케팅부 과장으로 일하고 있다. 얼마 전 회사에서 공금횡령 문제로 긴급 이사회가 소집되었다. 승승장구하던 회사가 재정문제로 홍역을 치르고 있는 중이다. 그래서 최근에 퇴근이 많이 늦어지고 있다. 오늘도 청년부 행사가 거의 마무리될 때 즈음 교회에 도착할 수밖에 없었다.

우유보 _ 목사님, 안녕하세요. 지난 번 상담 덕분에 적어도 이번 한 주간 동안은 저의 분별력을 흐리게 하는 악성 바이러스가 말끔히

사라진 느낌이었습니다.

L목사 _ 정말 감사한 일이네요. 계속 기도하겠습니다, 집사님.

우유보 _ 고맙습니다, 목사님. 그나저나 요즘 회사가 많이 바빠져서 오늘도 많이 늦었네요. 죄송합니다.

L목사 _ 죄송하다니요. 괜찮습니다, 집사님. 이렇게 청년들을 응원하러 와주신 것만으로도 큰 힘이 됩니다.

우유보 _ 그런데 목사님, 자본주의 사회에서 살다 보면 돈 문제가 우리 신앙의 발목을 잡을 때가 자주 있는 것 같습니다.

L목사 _ 네? 집사님. 갑자기 왜 그런 이야기를 하시고?

우유보 _ 사실 이번에 저희 회사에서 재정사고가 크게 났는데, 그 중심에 교회 집사님 한 분이 계시거든요.

L목사 _ 아이고….

우유보 _ 저는 그분이 공금횡령을 하실 줄은 꿈에도 몰랐어요.

L목사 _ 정말 안타까운 일이네요.

우유보 _ 물질과 소유의 문제에서도 하나님의 뜻을 온전히 분별하고, 그 뜻에 순종하는 능력이 정말 많이 필요하겠지요?

L목사 _ 네, 그렇습니다. 재정적인 영역에서는 더더욱 선명한 분별력이 필요합니다.

우유보 _ 특히 불투명하고 정직하지 못한 재정 사용의 태도나 하나님께 마땅히 드려야 할 몫을 내 것인 양 주장하는 잘못된 자세는 늘 조심해야 할 것 같아요.

L목사 _ 맞아요. 이 부분에서 분별력 없이 행하는 죄를 성경은 '탐욕'이라고 부르지요. 아나니아와 삽비라는 초대교회가 설립된 이후 최초로 죽임당한 부부였는데, 특히 물질 문제에서의 타협 때문에 비극을 맞이했던 대표적인 반면교사의 모델입니다.

우유보 _ 아나니아와 삽비라…. 사도행전 5장에 나오는 인물들 말씀이지요?

L목사 _ 네, 초대교회의 초창기 멤버 중에 이 부부가 있었지요.

당시 예루살렘교회는 서로 물건을 공유하고, 자신의 재산을 팔아 가난한 자들을 도왔습니다. 그러자 교회에서 가난한 자는 사라지고, 모두의 필요가 채워지는 기적이 일어났으며, 경제적인 나눔과 공유는 성도뿐만 아니라 믿지 않는 자들에게도 큰 표적이 될 정도였지요.

우유보 _ 그런데 아나니아와 삽비라 부부의 탐욕 때문에 분위기가 순식간에 싸해졌지요.

L목사 _ 맞아요. 자신의 소유를 팔아 그 값에서 얼마를 감춘 후 사도들의 발 앞에 두고 '설마 사람들이 알기야 하겠어?' '피땀 흘려 모은 돈, 이정도 드리는 게 어디야?' '이걸 다 갖다 바치면 나는 뭘 먹고살란 말이야?' 아마 이런 생각을 했을 거예요.

우유보 _ 그런데 사도 베드로의 태도가 굉장히 엄중했잖아요.

L목사 _ 그렇습니다. 두 범죄자에게 임한 징벌은 소름끼칠 정도로 가혹했어요. 바로 즉사했지요. 사도행전의 저자는 사도행전 초반부에서 초대 교회의 순전하고 늠름한 모습을 기록한 후에 곧이어 이런 끔찍한 사실을 묘사한다는 게 매우 고통스러웠음에 틀림없었을 겁니다. 하지만 그는 이 모든 어두운 일까지도 적나라하게 서술함으로써 오히려 모든 그리스도인에게 교훈과 경계가 되도록 했지요.

우유보 _ 교회가 탄생하여 순전하고 참된 공동체로서의 전형적인 모습을 갖추려 하였던 시점에 부부가 돌연 먹칠을 한 셈이네요.

L목사 _ 탐욕을 고발하는 내용은 구약에도 자세히 묘사하고 있어요. 아간 사건이 대표적이지요.

우유보 _ 여호수아 7장에 나오는 장면 말씀이지요? 아간이 하나님과 공동체를 속이고 가나안 전투에서 얻은 노략물을 몰래 숨김으로써 이스라엘에 패배를 안겼던….

L목사 _ 네, 맞습니다. 그 사건. 공교롭게도 사도행전에서 아나니아와 삽비라가 "감추었다"고 묘사하는 헬라어 '에노스피사토'는 여호수아 7장 1절에 사용된 '가졌다'에 해당하는 70인역 헬라어와 동일한 어휘에요. 성경은 가나안 정복 당시에 아간이 빠졌던 물질의 유혹에 이 부부가 동일하게 빠졌음을 강조하고 있는 셈이지요.

우유보 _ 신약과 구약이 서로를 바라보며 외치는 것 같아요. "탐욕을 버리라!"

L목사 _ 하하하, 적당한 비유네요. 그나저나 오늘날에도 현대인의 분별력을 가장 흐리게 하는 영역 또한 돈인 것 같아요.

우유보 _ 아, 정말 소름끼치도록 무섭네요. 하나님의 뜻을 헤아리는 데 가장 방해가 되는 것이 다름 아닌 돈이라니….

L목사 _ 돈은 하나님의 사역을 위해 사용되는 유용한 수단이기도 하지만 이것을 지나치게 의지하거나 사랑하게 되면 그때부터 우리의 영혼을 송두리째 흔들어버리는 무서운 폭탄이 되고 말아요. 그래서 사도 바울은 영적 아들인 디모데에게 엄격히 경고한답니다. "돈을 사랑함이 일만 악의 뿌리가 되나니 이것을 탐내는 자들은 미혹을 받아 믿음에서 떠나 많은 근심으로써 자기를 찔렀도다"(딤전 6:10).

우유보 _ 돈을 사랑하는 것이 모든 악의 근원이 되니 조심하고 조심하라는 말씀이군요. 음…. 히브리서에도 비슷한 말씀이 있었던 걸로 아는데요.

L목사 _ 맞아요. 히브리서 13장 5절에 "돈을 사랑하지 말고 있는 바를 족한 줄로 알라. 그가 친히 말씀하시기를 내가 결코 너희를 버리지 아니하고 너희를 떠나지 아니하리라 하셨느니라"는 귀한 말씀이 있지요. "돈 없이 어찌 살아?"라고 말하며 탐욕을 정당화하려는 사람들에게 우리 주님은 "내가 너를 결코 버리지 않고 떠나지 않고 지켜줄 거야. 걱정하지마. 너를 살아가게 하는 것은 돈이 아니라 나란다"라고 말씀하십니다.

"돈은 하나님의 사역을 위해 사용되는 유용한
수단이기도 하지만 이것을 지나치게 의지하거나
사랑하게 되면 그때부터 우리의 영혼을 송두리째
흔들어버리는 무서운 폭탄이 되고 말아요."

우유보 _ 음…. 돈을 사랑하는 '탐욕의 죄'는 어쩌면 하나님을 신
뢰하지 못하는 불신앙에서 비롯된 죄라는 생각이 드네요.

L목사 _ 정확하게 진단하셨어요. 하나님을 못 믿으니 돈을 믿는
것이지요. 눈에 보이지 않는 분을 의지하지 못하니 눈에 보이는 돈
을 의지하는 거예요.

우유보 _ 목사님, 솔직히 너무 두렵습니다. 저도 돈 앞에서는 마음이 자주 흔들리거든요. 오! 주님, 저에게 믿음을 주소서! 돈을 믿지 않고 주님을 믿기 원합니다.

L목사 _ 집사님, 힘내십시오. 앞의 히브리서 13장 5절 말씀에 이어서 이런 내용이 6절에서 계속됩니다. "그러므로 우리가 담대히 말하되 주는 나를 돕는 이시니 내가 무서워하지 아니하겠노라." 돈을 의지하지 않고 주님을 의지하려고 애쓰는 마음을 주님이 아실 거예요. 기도할 때 우리 주님이 도와주실 거예요. 그러니 무서워할 필요 없습니다. 주님이 집사님을 탐욕의 지뢰밭에서 온전히 건져내주시리라 믿습니다.

우유보 _ 아, 목사님. 감사합니다. 두렵긴 하지만 그래도 믿음으로 기도하겠습니다.

L목사 _ 저도 함께 기도할게요. 그리고 저 역시 하나님의 청지기로서 재물을 정직하게 사용하기 위해 항상 깨어 있어야겠다는 다짐을 다시 한번 더 하게 됩니다.

Part 4　Virus

죄의 함정에 빠뜨리는
비교의 교만

우리가 질투하고 있는 대상은 진짜 적이 아니다.
진짜 적은 바로 우리를 죄의 함정에 빠뜨리려는 사탄이다 _ 찰스 스탠리

　　　외국계 물류회사를 다니며 청년부 활동에도 열심인 송비교.
늘 밝은 그녀이지만 요즘 우울할 때가 자주 있다. '나보다 더 잘나가
는(?) 회사동료들'을 보면 마음이 녹아내린다. 그들의 실력에 비해
한참 모자라 보이는 자신의 모습을 보면 자괴감이 든다. 이런 감정
은 "나를 향한 하나님의 뜻은 어디에 있을까?"라는 질문으로 이어지
곤 한다. 그리고 '하나님은 과연 나 같은 사람에게 관심이 있는 걸
까?'라는 상실감으로 빠져들게 한다. 송비교는 상심한 마음을 안고
주일 예배에 참석했다. 우연찮게도 L목사의 설교 본문은 마태복음
25장의 달란트 비유. 송비교는 예배시간을 통해 적잖은 은혜와 도

전을 받았다. 그리고 다음날 카카오톡 창을 열어 L목사에게 문자를 보낸다. "카톡 왔숑!"

송비교 _ 목사님, 어제 예배 때 마태복음 25장의 달란트 비유 설교를 하셨잖아요.

L목사 _ 네, 그랬지요.

송비교 _ 집에 와서 곰곰이 생각해봤어요.

L목사 _ 뭘요?

송비교 _ '내가 만약 한 달란트 받은 종이라면 어떻게 반응했을까? 왜, 나에게 한 달란트만 주었나? 저 사람들에게는 왜 다섯 달란트, 두 달란트나 줬나? 나를 뭐로 보는 건가? 그리고 한 달란트 가지고 도대체 뭘 하란 말인가?' 뭐, 이런 생각이요.

L목사 _ 하하, 저도 가끔 그런 생각을 하곤 해요.

송비교 _ 오, 그래요? 목사님, 저는 정말 궁금해요. 한 달란트 받은 종은 왜 그렇게 삐딱선(?)을 타고 주인의 말에 부정적으로 반응했을까요?

L목사 _ 자, 어제 본문을 한 번 잘 기억해보세요. 한 달란트 받은
자가 주인에 대해 굉장히 냉소적인 반응을 보였지요? "한 달란트
받았던 자는 와서 이르되 주인이여 당신은 굳은 사람이라 심지 않
은 데서 거두고 헤치지 않은 데서 모으는 줄을 내가 알았으므로"(마
25:24).

송비교 _ 음…. 그런 것 같네요. 주인에 대해 안 좋은 이미지를 갖
고 있었나 봐요.

L목사 _ 네, 그런 것 같아요. 어쩌면 그 종의 마음속에 '비교의
식'이 도사리고 있지 않았을까 싶네요. 나에게는 한 달란트밖에 안
주고, 다른 사람들에게는 두 배, 다섯 배를 주다니 하는 원망에서 비
롯된 비교의식 말이지요. 비교의식이 생기기 시작하면 의욕이 사라
지거든요. 그래서 달란트를 가지고 의욕적으로 장사하려고 하기보
다는 땅에 묻어두었던 것 같아요.

송비교 _ 하긴, 의욕이 사라지면 감사가 사라지고 불평이 생길
때가 많아요.

ㄴ목사 _ 맞아요. 비교의식에서 바로 원망이 생기는 법이지요. 인류 최초의 살인사건이 왜 생겼나요? 바로 비교의식 때문이거든요. 가인은 자신보다 동생 아벨이 하나님께 더 인정받는다고 생각했어요. 그래서 동생을 죽여버려요. 비교의식에서 열등감이 생기고, 우월감도 생겨요.

송비교 _ 아…. 정말 비교의식이 무서운 거네요.

ㄴ목사 _ 그렇죠. 하나님의 뜻을 분별하는 데 비교의식만큼 무서운 바이러스가 없어요. 이 바이러스가 침투하면 민감해야 할 영적 분별의 감각을 아예 마비시켜버려요.

송비교 _ 제 안에 비교의식이 꿈틀거린다는 생각이 들면 아예 싹을 잘라버려야겠군요!

ㄴ목사 _ 하하하! 엄청 단호한 결단이네요. 좋습니다.

송비교 _ 그런데 저는 솔직히 한 달란트 받은 사람 마음이 좀 이해되는 것 같아요. 제가 처한 상황이랑 비슷하거든요. 회사동료들은 저보다 훨씬 많은 재능을 가졌거든요. 엄청난 스펙에, 외국에서 살다 온 사람도 많아서 영어, 독일어, 스페인어를 정말 잘해요. 실력도 있어서 저 같은 사람은 비교대상이 아녜요. 저는 아무리 노력해도 그들을 따라잡을 수가 없어요. 비교의식…. 어쩌면 당연하지 않았을까요? 다른 종들은 다섯 달란트, 두 달란트를 받았는데 자신만 한 달란트를 받았으니….

L목사 _ 비교의식에서 생겨나는 것이 질투심이에요. 우리가 인생의 여정을 걸어가다 만나는 가장 큰 위험 요소 중 하나가 질투의 함정입니다. 질투에 빠지게 되면 우리는 하나님의 복을 온전히 누릴 수 없게 되지요. 질투는 상대방이 자신보다 많이 가졌다는 생각에서 비롯됩니다. 사실 누군가 나보다 앞서 나간다고 해서 하나님이 나에게 복을 덜 주시는 것이 아닙니다. 하나님은 우리 모두에게 가장 최고의 것으로 복 주기를 원하시는 분이지요. 그럼에도 불구하고 질투의 싹이 우리의 마음 밭에서 자라기 시작하면 제어할 수 없는 죄의 구렁텅이에 빠지게 되는 것이 사실입니다.

송비교 _ 그럼 질투심이 생길 때 저는 어떻게 해야 하지요?

L목사 _ 좋은 질문이에요. 질투심이 생기는 것을 느낄 때마다 우리는 미리 어떻게 반응하고 대응해야 할지를 생각해야만 해요. 우선 질투심 때문에 하나님을 바라보지 못하는 사태가 생기지 않도록 주의해야 합니다. 사탄은 우리가 질투심에 빠져 질투의 대상만을 바라

보기를 원해요. 그렇게 될 때 우리는 하나님을 바라보지 못하고, 그 분께 집중하지 못하기 때문입니다. 사탄은 우리가 자신만 바라보고, 자신의 감정과 권리, 특권만 생각하기를 원합니다. 그래서 우리는 자주 다른 사람들과 비교하며 "내 몫은 뭐야? 나는 저 사람보다 더 많이 누리고 받을 자격이 있는데…"라고 말하곤 하지요. 사탄은 질투할 만한 상황을 만들려고 애쓰며, 질투는 주로 짜증과 분노 같은 다른 감정으로 이어집니다. 하지만 그럴 때일수록 우리는 질투의 대상이 아니라 사랑의 대상인 주님께 집중해야만 해요.

송비교 _ 질투의 대상이 아니라 사랑의 대상인 주님께 집중하라….

L목사 _ 자, 어제 제 설교를 다시 곰곰이 생각해보세요. 본문의 15절을 보면 "각각 그 재능대로 주셨다"고 말하고 있어요. 주인은 종들에게 가장 적당한 것, 좋은 것, 최선의 것, 최고의 것, 그것을 주었던 거예요. 과하지도 않고, 부족하지도 않는 그 사람에게 딱 맞는 '맞춤형 달란트'를 주었어요.

송비교 _ 아! 그렇군요. 맞춤형 달란트!

L목사 _ 두 달란트 받았던 사람을 한 번 보세요. 그는 다섯 달란

트 받은 종과 비교하지 않았어요. 자신의 그릇이, 자신의 재능이 두 달란트를 다룰 만큼의 실력임을 인정했다는 뜻이지요. 그랬더니 주인으로부터 칭찬을, 다섯 달란트 받은 종과 똑같이, 토시하나 안 틀리고 똑같이 받았어요. 게다가 이 경험을 통해 종의 재능과 실력이 길러졌어요. 그릇이 더 커진 거지요. 그래서 주인이 칭찬합니다. "네가 적은 일에 충성했다. 더 많은 것을 맡길게"(23절 참조)라고요.

송비교 _ 와~ 그릇이 커지니 그에 걸맞은 더 큰 것을 주시네요.

L목사 _ 맞아요. 그릇이 작은데 큰 것을 주면 그릇이 깨어지는 법이지요. 너무 많이 줘도 제대로 감당하지 못하면 그것은 복이 아니라 재앙이기 때문이에요. 게다가 사실 한 달란트의 가치가 작은 게 아니에요. 어마어마해요. 보통 금 34kg정도라고 보거든요.

송비교 _ 아…. 목사님, 잠깐만요! 금 한 돈이 얼마더라? 지금 검색해 볼게요. 금 한 돈…. 3.75g인데, 20만 원 정도하네요. 그렇다면 한 달란트는 지금 기준으로 20억 정도하군요. 대박!!

L목사 _ 하하하! 결코 작은 돈이 아니지요. 그런데 비교하기 시작하니 기분이 나빠지는 거예요. 그것만 보면 큰돈인데 남들과 비교하니 작아 보이는 거지요.

송비교 _ 이런~ 남의 떡이 더 커 보이는 원리와 같네요.

L목사 _ 어떤 수도사가 기도하기 위해 광야로 갔대요. 사탄이 아무리 유혹해도 넘어지지 않는 거예요. 그런데 귀에다 대고 한마디 했대요. 그랬더니 기도의 자리에서 벌떡 일어나더니 화를 내고 떠나가더랍니다. "네 친구 수도사 ○○있지? 걔가 이번에 알렉산드리아의 주교가 되었대."

송비교 _ ㅋㅋㅋ 재미있는 이야기네요. 그런데 남의 일 같지 않아요. 저도 수도사의 그런 감정이 충분히 이해됩니다.

L목사 _ 이야기 하나 더 해드릴게요. 저보다 두 살 많은 청년부 선배 형님 이야기에요. 어려운 가정 형편 가운데도 열심히 공부하고 청년부 회장으로 신실하게 교회를 잘 섬겼던 형님이에요. 지방대학을 남들보다 늦은 나이에 졸업했지요. 결혼을 한 후 진로에 대해 고민하다가 결국 가족과 함께 늦깎이 유학을 결정했어요. 성실하게 잘 준비해서 미국의 한 대학원 경영학과에 입학하게 되었어요. 그런데 막상 그곳에 도착해보니 절망감에 휩싸이게 됩니다. 비슷한 시기에 정착한 두 명의 유학생과 대화를 나누다가 온 몸에 힘이 빠져버렸어요. 그들은 하나같이 일류대학을 나온 수재였거든요. 너무 똑똑했고 능력이 출중했대요. 단지 두 명과 짧은 대화를 나누기만 했는데도

금방 주눅이 들어버린 거예요. 눈을 들어 주변을 보니 더 쟁쟁한 사람이 많았대요. 자신이 경쟁해야 할 사람은 그 두 사람만이 아니었던 것이지요. 뛰어난 능력을 가진 수많은 사람의 틈바구니에서 살아남아야 한다는 현실에 직면한 거예요. 부푼 꿈을 안고 미국에 왔지만 금세 깊은 자괴감에 빠졌어요. 그래서 하나님께 기도할 수밖에 없었지요.

그때 조용한 내면의 음성이 들렸대요. "한 달란트를 받았으면 한 달란트만 남기면 된단다." 아! 그 음성이 얼마나 큰 위로가 되었던지, 형님이 그때 이렇게 다짐했다고 해요. "주님, 제가 가진 것이 얼마인가는 중요하지 않군요. 남이 나보다 더 많이 가졌다고 부러워하고 나에게 실망한다면 주님이 기뻐하지 않으시겠지요. 내 몫이 한 달란트뿐이라면 그것으로 감사하고 열심히 노력하겠습니다. 주님의 기쁨이 되겠습니다."

그때부터 형님은 남보다 탁월하고 남보다 빠르게 성과를 내지는 못했지만 성실하게 하루하루 최선을 다해 공부하려 노력했어요. 순간순간 찾아오는 불안과 내적 갈등이 있었지만 어차피 한 달란트만 더 남기면 된다는 생각을 하니 묘한 여유(?)도 생겼다고 해요. 결국 그 형님은 우수한 성적으로 학교를 졸업하고, 엄청난 경쟁률을 뚫고 미국 대학에 교수로 임용되었어요. 지금은 자신과 같이 절망감을 안고 미국 땅을 밟는 유학생들을 위해 그리스도의 사랑을 소개하고 성경공부 모임을 인도하는 예수님의 제자로 살아가고 있고요.

송비교 _ 아…. 그렇군요. "한 달란트만 남기면 된다!" 정말 가슴을 울리는 말씀입니다.

L목사 _ 한국사회는 1등만을 인정해요. 뒤처지면 실패자라고 낙인을 찍지요. 하지만 하나님의 나라는 2등을 기억해요. 아니, 꼴찌도 인정받아요. 비교하지 않고 최선을 다했다면 등수는 상관이 없어요. 오히려 하나님 앞에서 불성실한 1등은 책망을 받게 된답니다.

송비교 _ 네, 목사님. 정말, 제가 받은 달란트가 얼마인지는 중요하지 않군요. 하나님이 맡기신 것, 두 배로 남기기만 하면 되는 것인데….

L목사 _ 맞습니다. 작게 맡기셨다면 부러워하고 절망할 것이 아니라 부담감을 떨치고 감사함으로 살아가면 됩니다. 많이 맡기셨다면 과시하고 자랑할 것이 아니라 더 큰 책임감을 가지고 겸손하게 살아가면 되고요. 이것은 세상의 평가가 아니라 하나님의 평가를 기다리는 자만이 누릴 수 있는 특권이에요.

송비교 _ 넵! 기억하겠습니다. 오늘부터 회사 제 책상 앞에 포스트잇으로 써 붙여 놓아야겠어요.

"사랑하는 비교야,
네가 가진 것이 얼마인가는
중요하지 않단다.
내가 너에게 준 것으로
최선을 다하렴.
그것이면 충분해."

from. 예수님

바쁘게 살아가는 인생길. 우리는 수많은 선택의 기로에 서게 된다. 항상 마주치는 갈림길에서 어느 쪽으로 가야할지 머뭇거리곤 한다. 오른쪽 길을 가야할까? 아니면 왼쪽 길을 가야할까? 때로는 불안한 마음으로 안절부절못할 때도 있다. 어느 쪽이 좋은 길일까? 어떤 선택이 최선일까? 이런 질문은 현대를 살아가는 우리 모두의 고민이기도 하다. 그리스도인도 예외는 아니다. 그리스도인으로서 최선의 선택이란 무엇일지 우리는 끊임없이 질문한다. 나를 향한 하나님의 뜻을 알고 싶어 하고, 그분의 뜻에 맞는 올바른 선택을 하고 싶어 한다.

그런데 하나님의 뜻을 명확히 알아차리는 것이 그리 녹록한 일은 아니다. 그래서 하나님의 소명을 좇아가는 이들에게 꼭 필요한 것이 바로 '분별력'이다. 인생이란 끊임없는 선택을 내리는 과정의 연속이다. 인생을 결정짓는 중요한 선택의 순간, 어떤 이는 건강한 영적 분별력을 가지고 접근한다. 그들은 거의 예외 없이 하나님의 뜻을 따라 소명의 길을 걷는다. 하지만 분별의 중요성을 망각한 채 자기 마음대로 살아가는 사람이 있다. 그들은 반대의 길을 걷는다. 그 길은 하나님의 뜻과는 상관없는 방향으로 뻗어 있다. 불행히도 그들은 인생의 많은 시간을 낭비하게 되고 불행한 삶을 살게 된다.

> "아브람의 일행 롯도 양과 소와 장막이 있으므로 그 땅이 그들이 동거하기에 넉넉하지 못하였으니 이는 그들의 소유가 많아서 동거할 수 없었음이니라. 그러므로 아브람의 가축의 목자와 롯의 가축의 목자가 서로 다투고 또 가나안 사람과 브리스 사람도 그 땅에 거주하였는지라. 아브람이 롯에게 이르되 우리는 한 친족이라. 나나 너나 내 목자나 네 목자나 서로 다투게 하지 말자. 네 앞에 온 땅이 있지 아니하냐. 나를 떠나가라. 네가 좌하면 나는 우하고 네가 우하면 나는 좌하리라"(창 13:5-9).

창세기 13장 5~9절 말씀. 책을 마무리하며 에필로그를 쓰는 오늘 아침, 우리 교회 지체들과 함께 큐티한 본문이다.

아브람의 육축이 많아지고 조카 롯의 육축도 많아지면서 땅이 비좁게 되었다. 결국 아브람의 목자와 롯의 목자 사이에서 다툼이 시작되었다. 그들은 누가 더 좋은 목초지와 샘물을 차지해야 하느냐의 문제로 싸웠다. 가나안 사람과 브리스 사람도 그 땅에 거하였기 때문에 문제는 더 심각했다. 그런데 여기서 아브람은 놀라운 제안을 한다.

"네가 좌하면 나는 우하고 네가 우하면 나는 좌하리라."

아브람은 '우리가 한 친족이기 때문에 서로 다투는 것은 하나님을 믿는 사람다운 모습이 아니다' 라고 생각했다. 말이 쉽지, 이것은 아브람의 생계가 달린 문제였다. 자신뿐만 아니라 아내와 목자, 그리고 일꾼들의 인생이 걸린 이슈였다. 좋은 땅을 먼저 포기한다는 것은 목자였던 아브람이 자신의 미래를 담보로 하는 도박처럼 보였다. 이런 중요한 선택의 기로에 서서 아브람은 싸우기보다 사랑으로 양보한다. 하나님의 사람으로서 바른 분별력이 작동한 것이다.

사랑으로 분별하라는 말은 바보처럼 선택하라는 말과 같다. 손해보고 선택하라는 말과 비슷하다. 비록 아브람의 선택이 미련해보였지만, 결국 하나님은 그의 선택에 손을 들어주신다. 하나님은 사랑으로 분별하고 선택한 아브람의 마음을 기뻐하셨고, 그에게 복을 내려주셨다. 사랑으로 분별하고 결정한 결과는 하나님이 책임져주신다. 십자가에 달리신 예수님을 모든 사람은 바보라고 했지만 하나님은 그 선택을 기뻐하셨다. 어리석은 선택처럼 보였지만 그 사랑의 분별력 때문에 우리가 살게 되지 않았나!

"이에 롯이 눈을 들어 요단 지역을 바라본즉 소알까지 온 땅에 물이 넉넉하니 여호와께서 소돔과 고모라를 멸하시기 전이었으므로 여호와의 동산 같고 애굽 땅과 같았더라. 그러므로 롯이 요단 온 지역을 택하고 동으로 옮기니 그들이 서로 떠난지라. 아브람은 가나안 땅에 거주하였고 롯은 그 지역의 도시들에 머무르며 그 장막을 옮겨 소돔까지 이르렀더라. 소돔 사람은 여호와 앞에 악하며 큰 죄인이었더라. 롯이 아브람을 떠난 후에 여호와께서 아브람에게 이르시되 너는 눈을 들어 너 있는 곳에서 북쪽과 남쪽 그리고 동쪽과 서쪽을 바라보라. 보이는 땅을 내가 너와 네 자손에게 주리니 영원히 이르리라. 내가 네 자손이 땅의 티끌 같게 하리니 사람이 땅의 티끌을 능히 셀 수 있을진대 네 자손도 세리라. 너는 일어나 그 땅을 종과 횡으로 두루 다녀 보라 내가 그것을 네게 주리라. 이에 아브람이 장막을 옮겨 헤브론에 있는 마므레 상수리 수풀에 이르러 거주하며 거기서 여호와를 위하여 제단을 쌓았더라"(창 13:10-18).

사실 아브람이 이렇게 좋은 땅을 롯에게 양보한 근본적인 이유는 따로 있다. 그는 애굽에서 뼈아픈 실패를 한 경험이 있다. 가나안의 기근을 피해서 풍요로운 애굽으로 갔지만 그곳에서 모진 고생을 했었다(창 12장). 애굽에서의 경험은 아브람으로 하여금 하나님의 관점을 갖도록 했다. 그곳에서 그는 아무리 풍요로운 곳에서도 하나님이 함께하지 않으시면 소용없다는 사실을 깨달았다. 땅이 중요한 것이 아니라 하나님이 중요하다는 믿음이 생긴 것이다.

그런데 아브람과 애굽으로 함께 내려갔던 조카 롯은 정반대였다. 그는 애굽 땅의 풍요로움에 눈이 멀어버렸다. 나일강의 풍부한 물과 목초지, 농경지, 그리고 발달된 문화를 보며 '와! 이런 곳도 있구나. 정말 멋진 곳이야'라고 생각했다. 그곳에 하나님이 계시는지 안 계시는지는 중요하지 않았다. 그래서 소돔과 고모라가 하나님이 좋아하시는 땅인지, 싫어하시는 땅인지 고민하지 않았다. 그저 그 땅이 애굽 땅처럼 경제적으로 윤택하고, 세상의 인정을 받을 수 있는 기회의 땅이라고만 생각했다. 그에게 있어서 소돔 사람들이 여호와 앞에서 큰 죄인이라는 사실은 그리 중요하지 않았다.

결국 아브람과 롯의 선택은 극단의 결과를 맞게 된다. 아브람은 믿음의 조상으로서의 훈련을 헤브론 땅에서 받게 된다(18절). 헤브론은 산지이다. 솔직히 목축업자에게 그리 좋은 땅은 못된다. 하지만 그곳은 그 어느 지역보다 높은 곳이다. 눈을 들어 동서남북을 멀리 바라볼 수 있는 곳이다(14절). 하늘의 비전을 품고 하나님께 훈련받을 수 있는 곳이었다. 하지만 롯이 선택한 소돔과 고모라 땅은 어떠했나? 물이 풍부하고 드넓은 평야가 펼쳐진 땅이었다. 목축업자에게 그만한 곳이 또 없다. 하지만 그 땅은 하나님이 싫어하시는 악한 문화가 넘실대던 곳이었다. 죄악으로 물든 그 땅의 백성들은 결국 하나님께 심판을 받고 멸망당하게 된다. 롯과 그의 가족 역시 거대한 타락의 파도에 휩쓸려 맥을 못 추게 된다. 롯은 간신히 두 딸과 멸망 직전 탈출하긴 하지만 그때 이후로 구속사의 부끄러운 들러리로 전락해버린다. 분별력 없이 선택했던 작은 결정 하나가 그의 운명을 망가뜨려버린 것이다.

우리는 아브람과 롯의 선택을 통해 '분별력'이 얼마나 중요한 것인지를 깨닫게 된다. 아브람은 사랑의 눈으로 하나님의 뜻을 분별했고, 믿음의 눈으로 하나님의 계획을 분별했다. 거룩한 분별력은 우리의 인생을 복되게 한다. 하지만 분별력 없는 경솔한 선택은 우리의 인생을 황폐하게 만든다. 우리를 향한 하나님의 뜻과 계획이 삶 속에 아름답게 스며들게 하는 최적의 방법, 그것이 바로 분별력이다.